GRAMÁTICA reflexiva

9

WILLIAM ROBERTO CEREJA

Professor graduado em Português e Linguística e licenciado em Português pela Universidade de São Paulo

Mestre em Teoria Literária pela Universidade de São Paulo

Doutor em Linguística Aplicada e Análise do Discurso pela PUC-SP

Professor da rede particular de ensino em São Paulo, capital

THEREZA COCHAR MAGALHÃES

Professora graduada e licenciada em Português e Francês pela FFCL de Araraquara, SP

Mestra em Estudos Literários pela Unesp de Araraquara, SP

Professora da rede pública de ensino em Araraquara, SP

Atual Editora

Gramática reflexiva - 9º ano

Dados Internacionais de Catalogação na Publicação (CIP)
(Câmara Brasileira do Livro, SP, Brasil)

Cereja, William Roberto
Gramática reflexiva / William Roberto Cereja, Thereza Cochar Magalhães. -- 4. ed. -- São Paulo : Atual, 2016.

Obra em 4 v. para alunos do 6º ao 9º ano.

1. Português - Gramática (Ensino fundamental) I. Magalhães, Thereza Cochar. II. Título.

16-06029 CDD-372.61

Índices para catálogo sistemático:

1. Gramática : Português : Ensino fundamental 372.61

978-85-5769-007-3 (aluno)
978-85-5769-008-0 (professor)

Editor responsável	Noé G. Ribeiro
Editoras	Fernanda Carvalho, Mônica Rodrigues de Lima e Paula Junqueira
Preparação de texto	Célia Tavares
Gerente de produção editorial	Ricardo de Gan Braga
Gerente de revisão	Hélia de Jesus Gonsaga
Coordenador de revisão	Camila Christi Gazzani
Revisores	Diego Carbone, Larissa Vazquez, Maura Loria
Produtor editorial	Roseli Said
Supervisor de iconografia	Sílvio Kligin
Coordenador de iconografia	Cristina Akisino
Pesquisa iconográfica	Roberto Silva
Licenciamento de textos	Roberto Silva
Design	Homem de Melo & Troia Design
Capa	Homem de Melo & Troia Design, com imagens de Garfield, Jim Davis © 2002 Paws, Inc. All Rights, Stuart Kinlough/Getty Images, Leigh Wells/ Getty Images, Alejandro Rivera/Getty Images
Edição de arte	Carlos Magno
Diagramação	Estúdio Lima, Nicola Loi, Rodrigo Bastos Marchini
Assistente	Jacqueline Ortolan
Ilustrações	Andressa Honório, Biry Sarkis, Camila de Godoy, Filipe Rocha, Flip Estúdio, Nelson Provazi, Weberson Santiago
Tratamento de imagens	Cesar Wolf, Fernanda Crevin
Impressão e acabamento	Intergraf Ind. Gráfica Eireli

732718.004.001

4ª Edição - 1ª Impressão

Editora Saraiva

SAC 0800-0117875
De 2ª a 6ª, das 8h às 18h
www.editorasaraiva.com.br/contato

Avenida das Nações Unidas, 7221 – 1º andar – Setor C – Pinheiros – CEP 05425-902

APRESENTAÇÃO

Caro estudante:

Esta gramática foi escrita para você, falante da língua portuguesa. Para você que interage com outras pessoas, expressando suas opiniões, desejos, sentimentos, ideias.

Para você que se surpreende com os inúmeros significados de uma palavra ou expressão.

Para você que, mesmo diante de um texto difícil, não desiste de tentar compreendê-lo.

Para você que se diverte com palavras, expressões e frases de duplo sentido.

Para você que tem sempre, na ponta da língua, estas perguntas: "O que isso significa?", "Por quê?".

Para você que gosta de ler e de escrever.

Para você que gosta de falar e ouvir, trocando ideias.

Para você que se liga num anúncio publicitário criativo, que "joga" com a linguagem.

Para você que, dependendo da situação, sabe usar tanto uma linguagem descontraída e informal quanto uma linguagem formal, de acordo com a norma-padrão da língua.

Para você que transita entre textos de todos os tipos: didáticos, instrucionais, publicitários, jornalísticos, de humor, literários, científicos, de informação, etc.

Para você que sabe que o sentido de um texto não é construído apenas pelo que é dito, mas também pelo que não é dito e pelo contexto em que se diz.

Enfim, esta gramática foi escrita para ajudar você a aprimorar sua capacidade de uso da língua portuguesa e, assim, tornar-se mais hábil em suas interações com o mundo, seja lendo, seja produzindo textos, orais ou escritos.

Um abraço,
Os Autores.

A um amigo.

Agradecimentos

A Noé G. Ribeiro, editor incomum, que sabe compartilhar e não teme o novo. Ao competente grupo editorial: a Fernanda Carvalho, Mônica Rodrigues de Lima e Paula Junqueira, pelo grande apoio; a Cristina Akisino, pelo entusiasmo e pela cuidadosa pesquisa iconográfica; a Célia Tavares, pelas preciosas sugestões na preparação do texto; aos demais membros da equipe editorial, pelo dedicado acompanhamento do processo de edição da obra. À professora Ciley Cleto, que nos apoia didaticamente, difundindo nossas propostas de ensino junto a professores e escolas e colaborando com leituras e sugestões de textos e exercícios.

Os Autores.

SUMÁRIO

CAPÍTULO 1

PERÍODO SIMPLES E PERÍODO COMPOSTO

CAPÍTULO 2

ORAÇÕES SUBORDINADAS SUBSTANTIVAS

CAPÍTULO 3

O PRONOME RELATIVO

Filipe Rocha

CAPÍTULO 4

ORAÇÕES SUBORDINADAS ADJETIVAS

CAPÍTULO 5

ORAÇÕES SUBORDINADAS ADVERBIAIS

Biry Sarkis

CAPÍTULO 6

PERÍODO COMPOSTO POR COORDENAÇÃO – AS ORAÇÕES COORDENADAS

Biry Sarkis

CAPÍTULO 7

ESTRUTURA E FORMAÇÃO DE PALAVRAS

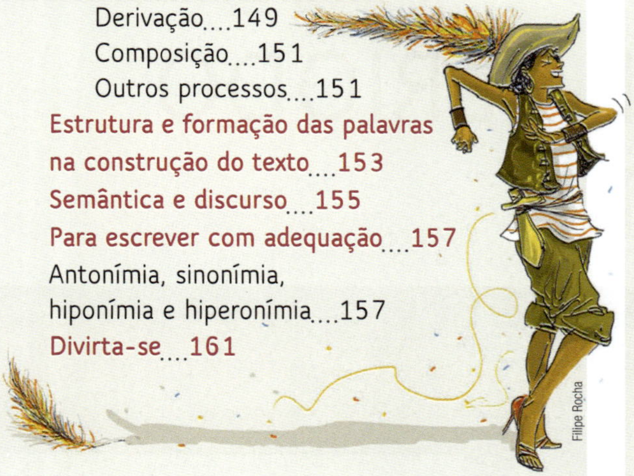

Filipe Rocha

CAPÍTULO 8

CONCORDÂNCIA NOMINAL E CONCORDÂNCIA VERBAL

Alexandre Affonso

CAPÍTULO 9

REGÊNCIA VERBAL E REGÊNCIA NOMINAL

Filipe Rocha

CAPÍTULO 10

COLOCAÇÃO – COLOCAÇÃO PRONOMINAL

Alexandre Affonso

CAPÍTULO 1

PERÍODO SIMPLES E PERÍODO COMPOSTO

CONSTRUINDO O CONCEITO

Leia o texto a seguir e as partes ampliadas dele.

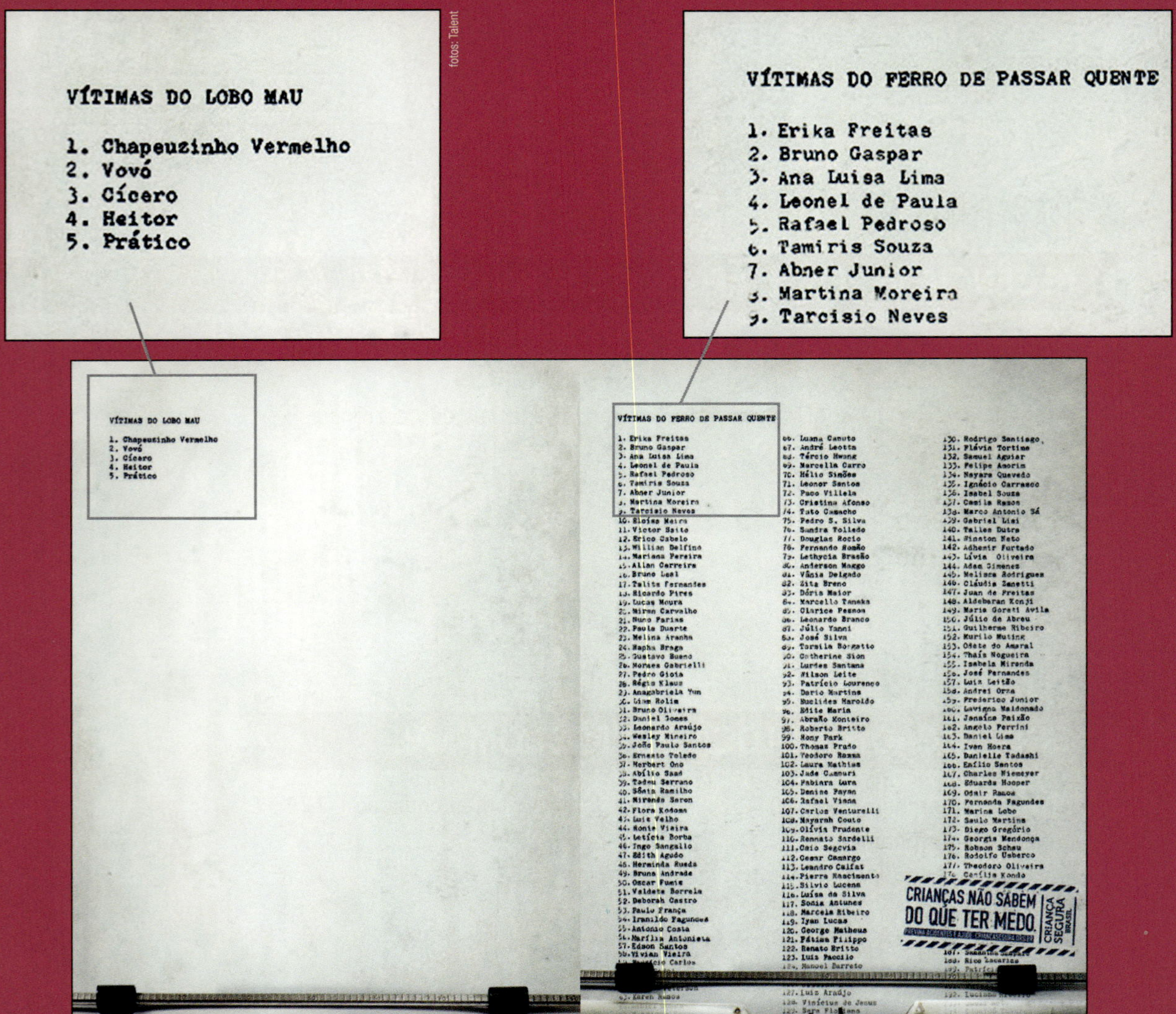

fotos: Talent

(Disponível em: www.putasacada.com.br/wp-content/uploads/2014/04/safekids-002-talent.jpg. Acesso em: 10/5/2016.)

1. Sempre que lemos ou produzimos um texto, devemos levar em conta vários elementos da situação: quem escreve, para quem escreve, com que finalidade, em que gênero textual, em que contexto, etc.
Em relação ao texto lido, responda:

a) Quem é o locutor, ou seja, quem o produziu?

b) Para quem ele foi produzido?

c) A que gênero textual ele pertence? Assinale a melhor resposta:

- artigo de opinião
- anúncio publicitário
- cartaz
- fotografia

d) Qual é a finalidade principal do texto?

2. Observe o texto como um todo. Ele é formado por duas listas de vítimas.

a) Quem é o causador de vítimas na lista da esquerda?

b) O que causa as vítimas na lista da direita?

c) Por que razão uma lista é maior do que a outra?

d) Na sua opinião, por que, no anúncio, é utilizada a imagem de máquina de escrever e não de computador?

3. Releia este enunciado:

"Crianças não sabem do que ter medo."

a) Quais expressões com núcleo verbal, no enunciado, confirmam a finalidade principal do texto?

b) Que relação o enunciado estabelece entre **não saber** e **ter medo**?

c) Considerando as respostas dos itens anteriores, identifique a relação entre o enunciado e o texto como um todo.

d) Que argumento o locutor utiliza para tentar convencer o interlocutor?

4. O anunciante, por meio do seu logotipo, se identifica e se responsabiliza pela campanha que faz. Há compatibilidade entre o perfil do anunciante e a campanha?

Ikon Images/Getty Images

5. Você já aprendeu que oração é um enunciado ou parte de um enunciado que se organiza em torno de um verbo.

a) Quantos verbos há na frase "Crianças não sabem do que ter medo."?

b) Nas frases "Vítimas do Lobo Mau" e "Vítimas do ferro de passar quente", há uma forma verbal subentendida. Qual é ela?

6. Período é uma frase constituída por uma ou mais orações. Sabendo que um **período simples** apresenta uma única oração e que um **período composto** apresenta mais de uma oração, responda:

a) Quais das frases do anúncio são constituídas por um período simples?

b) Qual é constituída por um período composto?

CONCEITUANDO

A frase "(Foram/São) Vítimas do Lobo Mau" apresenta uma única forma verbal, que está subentendida: **foram**. Logo, é constituída por uma única oração e consiste, assim, em um **período simples**. Já a frase "Crianças não sabem do que ter medo" apresenta duas formas verbais: **sabem** e **ter**. Logo, é constituída por duas orações e consiste, assim, em um **período composto**.

Período é a frase organizada em uma ou mais orações, podendo ser:
- **simples**, quando constituído de uma única oração;
- **composto**, quando constituído de duas ou mais orações.

EXERCÍCIOS

Leia este texto:

Qual é a origem da expressão "santo do pau oco"?

Durante o século XVII, as esculturas de santos que vinham de Portugal eram feitas de madeira. A expressão surgiu porque muitas delas chegavam ao Brasil recheadas de dinheiro falso. No ciclo do ouro, os contrabandistas costumavam enganar a fiscalização recheando os santos ocos com ouro em pó. No auge da mineração, os impostos cobrados pelo rei de Portugal eram muito elevados. Para escapar do tributo, os donos de minas e os grandes senhores de terras da colônia colocavam parte de suas riquezas no interior de imagens ocas de santos. Algumas, normalmente as maiores, eram enviadas a parentes de outras províncias e até de Portugal como se fossem presentes.

[...]

(Disponível em: http://www.guiadoscuriosos.com.br/perguntas/173/5/expressoes-ditados-e-siglas.html. Acesso em: 15/5/2016.)

Miguel Aun

1. O texto lido explica a origem da expressão **santo do pau oco**, mas não esclarece o sentido com que ela é usada hoje em dia. No seu modo de entender, o que se pretende insinuar ao dizer que alguém é um "santo do pau oco"?

2. Observe a organização do texto em períodos.

a) Quantos períodos há no texto? ______________________

b) Que sinal de pontuação delimita os períodos? ______________________

c) Os períodos que constituem o texto são simples, compostos ou simples e compostos?

____

d) E o período que constitui o título do texto? ______________________

Período composto por coordenação e por subordinação

Leia esta tira, de Laerte:

(*Folha de S. Paulo*, 2/4/2011. Folhinha.)

No 4º quadrinho da tira, no balão da fala da bruxa, há um período composto formado por duas orações. Observe como se classificam os termos de cada oração:

1ª oração			2ª oração		
Seus dedos	vão sumir /	e	seus braços	vão ficar	achatados!
S	VI		S	VL	PS

Conforme você pode observar, as orações são sintaticamente independentes uma da outra, pois cada uma delas apresenta os termos necessários para ter sentido: sujeito e verbo intransitivo, na primeira; sujeito, verbo de ligação e predicativo do sujeito, na segunda. A segunda oração, ao se ligar à primeira, estabelece uma ideia de adição. Às orações desse tipo, chamamos de **coordenadas**, e à conjunção que une as orações, chamamos de **conjunção coordenativa**.

Veja:

Seus dedos vão sumir **e** seus braços vão ficar achatados!

(**e**: conjunção coordenativa)

Suponha que, no último quadrinho, a bruxa dissesse: "Eu sei que essa mágica é boba". Veja como se classificam os termos das orações:

1ª oração — 2ª oração

Eu sei / que essa mágica é boba.

S VTD — S VL PS

oração com valor de objeto direto

Conforme você pode notar, a primeira oração apresenta verbo transitivo direto, mas não apresenta objeto direto. Seu objeto direto é toda a segunda oração. Em situações como essa, há entre as orações uma relação de dependência sintática, que chamamos de **subordinação**, e à conjunção que liga as orações chamamos de **conjunção subordinativa**.

Veja:

Eu sei **que** essa mágica é boba.

conjunção subordinativa

Quando as orações que formam um período composto são coordenadas, temos um **período composto por coordenação**. Quando as orações são subordinadas, temos um **período composto por subordinação**.

Assim, podemos ter:

- **Período composto por coordenação:** as orações apresentam independência sintática entre si e são chamadas de **coordenadas**.
- **Período composto por subordinação:** uma oração funciona como termo de outra e as orações denominam-se **subordinadas**.

EXERCÍCIOS

Leia este texto:

O morcego

O conde Drácula deu-lhe a má fama.

Embora Batman tenha feito o possível para melhorar sua imagem, o morcego ainda provoca mais terror que gratidão.

Mas o símbolo do reino das trevas não atravessa a noite à procura de pescoços humanos. Na realidade, o morcego nos faz o favor de combater a malária comendo mil mosquitos por hora, e para completar a refeição tem a gentileza de devorar os insetos que matam as plantas.

Apesar das nossas calúnias, esse eficiente pesticida não nos adoece de câncer nem cobra nada pelos seus serviços.

(Eduardo Galeano. *Bocas do tempo*. Porto Alegre: L&PM, 2010. p. 322.)

Thinkstock/Getty Images

1. A frase "O conde Drácula deu-lhe a má fama" é um período simples. Identifique no texto outro período simples.

2. Observe a organização sintática deste período:

"Embora Batman tenha feito o possível para melhorar sua imagem, o morcego ainda provoca mais terror que gratidão."

a) De que tipo é a relação existente entre as orações desse período: de coordenação ou de subordinação?

b) Qual dos seguintes sentidos a conjunção **embora** exprime nesse contexto?

- causa
- condição
- oposição
- concessão

c) No último período do texto, há outra expressão com esse sentido. Qual é a expressão?

d) Em "esse eficiente pesticida não nos adoece de câncer nem cobra nada pelos seus serviços":

- há relação de coordenação ou de subordinação?
- que relação a conjunção **nem** estabelece entre as orações: de oposição, de conclusão ou de adição?

3. Observe este período:

"Na realidade, o morcego nos faz o favor de combater a malária comendo mil mosquitos por hora, e para completar a refeição tem a gentileza de devorar os insetos que matam as plantas."

a) Identifique o número de verbos existentes no período. A seguir, responda: Quantas orações há nesse período?

b) Entre as orações "combater a malária", "comendo mil mosquitos por hora", "para completar a refeição", "devorar os insetos" e "que matam as plantas", há relação de coordenação ou de subordinação?

O PERÍODO SIMPLES E O PERÍODO COMPOSTO NA CONSTRUÇÃO DO TEXTO

Leia este poema, de Mário Quintana:

Ritmo

Na porta
a varredeira varre o cisco
varre o cisco
varre o cisco

Na pia
a menininha escova os dentes
escova os dentes
escova os dentes

No **arroio**
a lavadeira bate roupa
bate roupa
bate roupa

até que enfim
se desenrola
toda a corda
e o mundo gira imóvel como um pião!

(*Apontamentos de história sobrenatural*. São Paulo: Globo. © by Elena Quintana.)

arroio: regato, pequeno riacho.

Weberson Santiago

1. O poema se intitula "Ritmo".

a) Que palavras das três primeiras estrofes são responsáveis pela criação do ritmo no poema?

____

b) Qual é a importância da repetição de palavras na construção do poema?

____

c) Caso você quisesse sugerir os sons produzidos pela varredeira, pela menininha e pela lavadeira, que onomatopeia criaria para cada uma?

____

2. A palavra **corda** apresenta vários sentidos. Observe:

corda: *s.f.* 1. fio ou cabo utilizado para amarrar; 2. fio de tripa ou arame dos instrumentos musicais; 3. mecanismo de funcionamento de relógios e brinquedos.

Qual é o significado de **corda** no poema? _______________

____

____

3. Na última estrofe do poema, o mundo é comparado a um pião.

a) Para pôr um pião em movimento, é preciso fazê-lo rodar com uma corda ou fieira. No poema, que ações fazem o mundo entrar em movimento até ficar girando como um pião?

b) Explique essa aparente contradição: Como pode o mundo girar se ele está imóvel?

4. A última estrofe pode ser vista como um único período. Observe:

> "até que enfim se desenrola toda a corda
> e o mundo gira imóvel como um pião!"

Quantas orações há nesse período?

PARA QUE SERVEM O PERÍODO SIMPLES E O PERÍODO COMPOSTO?

Quando se quer escrever um texto de forma mais direta e "enxuta" e atingir um público amplo ou heterogêneo, emprega-se preferencialmente o período simples ou o período composto por coordenação.

Quando o que se tem a dizer é complexo e, além disso, se pretende atingir um público que domine estruturas mais elaboradas da língua, pode-se empregar também o período composto, principalmente o composto por subordinação.

5. Observe as três primeiras estrofes quanto aos tipos de período empregados. Como não há sinais de pontuação, leve em conta o uso de letras maiúsculas e minúsculas.

a) Em cada uma dessas estrofes, foram empregados três períodos simples ou um único período composto? Justifique sua resposta.

b) Caso você quisesse pontuar essas três estrofes, que sinais utilizaria? Em que posição?

c) Se essas estrofes apresentam período composto, trata-se de período composto por coordenação ou por subordinação? Por quê?

6. Indique a afirmação verdadeira quanto à relação entre as ideias do poema e sua organização em períodos:

a) As ações individuais – da varredeira, da menininha e da lavadeira –, por serem isoladas pela pontuação e constituírem ideias mais simples, são expressas em períodos simples.

b) O emprego de várias orações justapostas, no plano sintático, corresponde, no plano das ideias, às várias ações humanas que se somam, fazendo a corda da vida desenrolar e o mundo girar.

c) O desenrolar da corda, que representa o movimento do mundo, traduz a simplicidade da vida, expressa no poema pelo período composto.

d) O desenrolar da corda, que representa o movimento da vida e do mundo, é sugerido pela simplicidade do pião, o que é compatível com a escolha do período composto.

SEMÂNTICA E DISCURSO

Leia as frases do para-choque do caminhão e responda às questões de 1 a 4.

Cesar Diniz / Pulsar Imagens

(Disponível em: www.vidadecaminhoneiro.com.br/extra/veja-8-curiosas-frases-de-para-choques. Acesso em: 15/5/2016.)

1. O primeiro período do enunciado no para-choque do caminhão está entre aspas.

a) Que explicação pode ser dada para o uso dessas aspas?

____

b) Há ironia nesse enunciado? Por quê?

____

____

2. O segundo período do enunciado justifica o agradecimento feito no período anterior.

a) Como o locutor justifica o agradecimento?

____

____

b) O humor do enunciado está na mescla de duas expressões com denotação espacial:

- (falar) pelas costas
- (estar sempre) na frente

Qual é o sentido dessas expressões, no contexto?

c) Em razão de o enunciado estar escrito no para-choque de um caminhão, o que essas expressões sugerem a respeito do motorista?

d) O locutor alterna a 1ª pessoa do singular (**mim**) com a 1ª pessoa do plural (**estamos**). Levante hipóteses: Por que razão isso acontece?

3. Classifique, quanto ao tipo, os dois períodos do enunciado:

a) "Aos que falam de mim pelas costas, obrigado"

b) "É sinal [de] que estamos sempre na frente..."

4. No enunciado, não foi empregado sinal de pontuação entre os dois períodos.

a) Além do ponto, que outro sinal de pontuação manteria a relação adequada entre eles?

b) O segundo período apresenta a causa ou a explicação do que é dito no primeiro. Assim, qual conjunção poderia fazer a conexão entre eles?

Leia o anúncio a seguir e responda às questões de 5 a 10.

Gustavo Gusmão

(*Veja*, nº 2 283.)

5. Observe o enunciado em destaque no anúncio. Que recurso ele utiliza para promover a marca de um produto?

6. Compare o enunciado em destaque com o provérbio em que ele se baseia. Há alguma alteração do provérbio original?

7. Tanto no enunciado em destaque no anúncio quanto no provérbio em que ele se baseia, há a identificação e a valorização do interlocutor por meio de um aspecto considerado essencial na vida em sociedade.

a) Que aspecto é esse, no provérbio?

b) E no enunciado em destaque no anúncio?

c) O anúncio altera o provérbio e, para convencer o interlocutor, recorre a valores como prestígio e autoestima. Segundo o anúncio, qual é o meio de o interlocutor obter prestígio e autoestima?

8. Além de utilizar um provérbio como recurso persuasivo, o anúncio emprega uma linguagem coloquial que foge à regra da uniformidade de tratamento prescrita pela gramática normativa. Em que situação isso ocorre e qual é a forma recomendada pela norma-padrão?

____

____

____

9. Releia o enunciado em destaque no anúncio.

a) Quantas orações há nele? ______________________

b) Como se classifica o único período que o constitui? ______________________

10. Observe, no enunciado em destaque no anúncio, a relação estabelecida entre a primeira oração e as demais.

a) Por que há o emprego de dois-pontos no final da primeira oração?

____

____

b) Que conjunção poderia iniciar a segunda oração, sem mudança de sentido? ______________

11. Às vezes, por razões de estilo, de síntese ou clareza, podemos querer evitar o emprego de conjunções. É possível fazer isso por meio de alguns procedimentos sintáticos. Veja estes exemplos:

> Meu desejo era **que ele viesse logo ao meu encontro**.
> Meu desejo era ele **vir logo ao meu encontro**.
> Meu desejo era **a sua vinda ao meu encontro**.

Faça o mesmo: reescreva as frases a seguir, eliminando a conjunção **que** e empregando o verbo no infinitivo; depois, transformando o verbo em um substantivo. Faça as adaptações necessárias.

a) É importante **que as leis amparem os cidadãos mais humildes**.

____

____

b) Acho legal **que você se apresente na festa**.

____

____

c) Os passarinhos esperavam **que o dia amanhecesse** para começar o canto.

____

____

d) É necessário **que você elabore o trabalho ainda hoje**.

____

____

12. O texto que segue apresenta períodos compostos longos e com excesso de **quês**. Dê uma nova redação a ele, fazendo uso de diferentes recursos – período simples, período composto por coordenação, infinitivo, substantivos no lugar de verbos, supressão de palavras ou de trechos –, para eliminar o maior número possível de **quês**.

> Logo vi que aquela senhora que estava no fundo da sala queria que eu me aproximasse para que ela pudesse me dizer que não poderia ficar até o fim da conferência que eu estava dando, uma vez que ela não estava se sentindo bem.
>
> Assim que me aproximei, notei que ela estava pálida mais do que o normal e que outras pessoas que também estavam na sala esperavam ansiosamente que eu tomasse uma providência que desse fim àquela situação.

PARA FALAR E ESCREVER COM ADEQUAÇÃO

O valor semântico dos radicais

Leia esta tira, de Nik:

(*Gaturro*. Cotia-SP: Vergara & Riba, 2008. v. 1, p. 52.)

1. Gaturro, personagem da tira, se propõe a apresentar, segundo ele, uma espécie distinta de seres humanos.

   a) Qual é essa espécie? ______________________________

   b) Como essa espécie lida com as novas tecnologias? Justifique sua resposta.

   ____

2. Para denominar a espécie de ser humano que apresenta, Gaturro emprega uma palavra nova ou neologismo: **computossauro**.

   a) Essa palavra é formada por dois radicais. Quais são eles?

   ____

b) Com qual intenção o autor da tira utilizou essa palavra?

3. O radical **sauro** se origina do grego e significa "lagarto". Na tira, ele é redução de uma palavra.

a) Qual é essa palavra?

b) Que outras palavras com o radical **sauro** você conhece?

Na língua portuguesa, há inúmeras palavras formadas por radicais de origem grega e latina. Esses radicais constituem uma fonte inesgotável de novas palavras, utilizadas nos diversos ramos das ciências, das artes, do comércio, da indústria, etc. A palavra **odontologia**, por exemplo, é formada por dois radicais: **odonto** (= dente) e **logia** (= ciência). Esses radicais estão presentes também em palavras como **odontólogo**, **odontografia**, **odontoscopia**, **biologia**, **arqueologia**, **bacteriologia**, etc.

EXERCÍCIOS

Leia o poema a seguir, de Flora Figueiredo, e responda às questões 1 e 2.

De um telescópio:

vi tanta estrela tombar
inerte sobre o oceano,
que cheguei a duvidar:
será o céu o manto que se espera,
ou mero engano?

(*Amor a céu aberto.* Osasco-SP: Novo Século, 2010. p. 10.)

Weberson Santiago

1. A palavra **telescópio** é formada por dois radicais gregos. O radical **tele** significa "a distância, longe", e **scópio**, "ato de ver, examinar".

a) Que outras palavras iniciadas por **tele** você conhece?

b) Que outras palavras terminadas por **scópio** você conhece?

2. Cite outras palavras que apresentam o mesmo radical de **céu**.

3. Reescreva as frases a seguir, substituindo adequadamente a expressão destacada por uma das palavras do quadro.

bibliófilo	fotografia	biblioteca	telefone
cardiologia	psicoterapia	geografia	psicologia
oftalmologia	filosofia	aristocracia	democracia
geologia	megalomania	filantropia	pinacoteca

a) Sua **mania de grandeza** não deixava espaço para amigos.

b) O voto de todos fortalece o **governo do povo**.

c) O **amor pela sabedoria** tem por fim a harmonia entre os homens.

d) No século XX, o **estudo da alma** se tornou a ciência do comportamento.

e) Na medicina, houve grande desenvolvimento do **estudo do coração**.

f) Toda comunidade deve ter uma **coleção de livros**.

g) Muito jovem ainda, tornou-se **amigo dos livros**.

4. Todas as palavras abaixo contêm o radical **onim**, que significa "nome". A que elas se referem? Consulte o dicionário, se necessário.

a) pseudônimo ______

b) anônimo ______

c) topônimo ______

d) parônimo ______

5. A palavra **termômetro** é formada por dois radicais – **term(o)** (temperatura) e **metro** (o que mede) – e designa o instrumento usado para medir temperatura. O que medem os instrumentos a seguir? Se necessário, consulte o dicionário.

a) pluviômetro ______

b) barômetro ______

c) cronômetro ______

d) hidrômetro ______

6. Leia este haicai, de Millôr Fernandes:

Eu sofro de mimfobia
Tenho medo de mim mesmo
Mas me enfrento todo dia.

(*Haicais*. São Paulo: Companhia das Letras, 2009. p. 133.)

O autor usa um neologismo, formado pelo pronome **mim** + o radical **fobia**. No segundo verso, ele apresenta o sentido literal dessa palavra: "medo de mim mesmo".

As palavras abaixo contêm o radical **fobia** e designam medo de alguma coisa ou aversão por ela. Medo de quê?

a) claustrofobia ______________________________

b) acrofobia ______________________________

c) xenofobia ______________________________

d) agorafobia ______________________________

e) fotofobia ______________________________

7. Leia esta anedota:

No restaurante...
— Garçom! Eu quero uma dúzia de erros ortográficos, por favor.
— Nós não servimos isso, senhor.
— Ora, mas o cardápio está cheio deles!

(Gabriel Barazal. *Piadas para rachar o bico* – Proibido para maiores. São Paulo: Fundamento, 2010. p. 30.)

A anedota lida cria humor a partir do modo descuidado como são redigidos os cardápios de alguns restaurantes.

a) Identifique os radicais presentes na palavra **ortografia**.

____

b) O que significa **ortografia?**

____

____

c) O pedido do cliente foi feito com ironia? Explique.

____

____

d) Considerando o significado da palavra **ortografia**, responda: É adequado dizer "erros ortográficos"? Explique por quê.

____

DE OLHO NA ESCRITA

Problemas notacionais da língua

Leia esta tira, de Nik:

(*Gaturro*. Cotia-SP: Vergara & Riba, 2008. v. 2, p. 25.)

1. Gaturro se aproxima de Ágata com um buquê.

a) O que ele diz a ela?

b) Levante hipóteses: Por que ele está suando?

c) O que ela esperava que ele dissesse, de acordo com o contexto?

2. Qual foi o motivo do engano de Gaturro?

Há, na língua portuguesa, várias palavras e expressões que nos deixam em dúvida quanto ao emprego adequado, principalmente quando queremos produzir textos de acordo com a norma-padrão. Conheça alguns casos de problemas notacionais de nossa língua.

MEIO ou MEIA?

Observe o emprego de **meio** e **meia** nestas frases:

O bebê comeu **meio** mamão e **meia** maçã. (adjetivos)
Pedro é **meio** tímido com os colegas de outras classes. (advérbio)
A professora ficou **meio** aborrecida com o resultado da avaliação dos alunos. (advérbio)

A palavra **meio** pode ser adjetivo e advérbio. Quando adjetivo, tem o sentido de "metade" e concorda em gênero com o substantivo a que se refere. Quando advérbio, tem o sentido de "um pouco" e fica invariável, isto é, apresenta-se sempre no masculino e no singular.

A CERCA DE, ACERCA DE ou HÁ CERCA DE?

A cerca de significa "a uma distância de":

Campinas fica **a cerca de** uma hora de automóvel da capital.

Acerca de significa "sobre":

Os professores conversavam **acerca de** materiais pedagógicos.

Há cerca de significa "faz ou existe(m) aproximadamente":

Moro nesta casa **há cerca de** dez anos.

AFIM ou A FIM?

Afim é adjetivo e significa "próximo, semelhante"; dessa palavra deriva o substantivo **afinidade**. Veja:

Não houve discordância entre os debatedores: suas ideias eram **afins**.

A fim faz parte da locução prepositiva **a fim de**, que indica finalidade:

Ela saiu bem cedo **a fim de** não perder o primeiro ônibus.

AO INVÉS DE ou EM VEZ DE?

Ao invés de indica oposição, situação contrária:

Você devia ficar feliz, **ao invés de** triste.

Em vez de indica substituição, troca:

(*Folha de S. Paulo*, 17/11/2011.)

A PAR ou AO PAR?

A par de equivale a "ciente, informado, prevenido"; em geral, é usado com o verbo **estar**. Veja:

Sinto muito, mas não estou **a par d**a programação da TV hoje.

Ao par emprega-se em relação a câmbio; indica título ou moeda de valor idêntico:

Parece que o real não está mais **ao par** do dólar.

EXERCÍCIOS

1. De acordo com o contexto, que palavra completa adequadamente a tira e a anedota a seguir: **meio** ou **meia**?

a)

(Charles M. Schulz. *Snoopy – Posso fazer uma pergunta, professora?*. Porto Alegre: L&PM, 2010. v. 5, p. 93.)

b) Uma lesma encontra outra e diz, muito lentamente:

— Você tem _____________ hora livre?

— Sim — responde a outra, também muito devagar:

— Por quê?

— É que eu queria lhe dar uma palavrinha.

(Gabriel Barazal, op. cit., p. 15.)

Leia a tira a seguir, de Caco Galhardo, e responda às questões 2 e 3.

(*Folha de S. Paulo*, 19/03/2014.)

2. Lili, inconformada com o fim de seu casamento, é uma personagem neurótica e deprimida, que vive controlando a vida de seu ex-marido e morre de ciúme dele.

a) Que palavra da tira mostra a medida da depressão de Lili?

b) A que expressão, empregada pela amiga, essa palavra se contrapõe, gerando o humor da tira?

3. No 1º quadrinho, Lili diz: "Hoje não tô afins!".

a) O que a personagem quer dizer com essa frase? Escreva-a de outra maneira.

b) Conclua: A palavra **afins** foi empregada de acordo com a norma-padrão? Justifique sua resposta.

c) Algumas pessoas, mesmo conhecendo a recomendação da norma-padrão em relação ao emprego da palavra **afim** ou **afins**, empregam **afins** quando querem transmitir a noção de finalidade. Por que você acha que isso acontece?

4. Complete as frases com uma das formas indicadas entre parênteses, de acordo com o contexto:

a) Consultou a Internet para ficar ______________ das últimas notícias. (a par - ao par)

b) É melhor você poupar seu dinheiro ______________ gastá-lo. (ao invés de - em vez de)

c) Devemos começar logo o trabalho, ______________ ficarmos discutindo quanto ganharemos por ele. (ao invés de - em vez de)

d) Os alunos chegaram ______________ trinta minutos. (a cerca de - acerca de - há cerca de)

e) Os habitantes da cidade conversavam ______________ uma festa tradicional na região. (a cerca de - acerca de - há cerca de)

5. Leia as frases abaixo. Depois assinale aquela em que há uma palavra ou expressão empregada em desacordo com a norma-padrão.

a) Não adianta insistir, João, a garota não está afim de você.

b) O calor está insuportável porque a porta está meio aberta apenas.

c) O real já esteve ao par do dólar.

d) Os acidentados tiveram ampla assistência de médicos e afins.

DIVIRTA-SE

(http://www.laerte.com.br)

CAPÍTULO 2

ORAÇÕES SUBORDINADAS SUBSTANTIVAS

CONSTRUINDO O CONCEITO

Leia esta tira, de Fernando Gonsales:

Fernando Gonsales

(*Folha de S. Paulo*, 25/11/2010.)

1. A tira é um bom exemplo da intencionalidade discursiva presente nos enunciados.

a) Qual é a intencionalidade da fala do dono do cão no 1º, 2º e 4º quadrinhos?

b) Qual é o sentido da palavra **indiretas**, no 5º quadrinho?

2. Nos dois primeiros quadrinhos, a personagem produz falas que começam com a expressão "Seria bom...". No 4º quadrinho, inicia a frase com "Seria ruim".

a) O que sugere o 3º quadrinho, sem balão de fala?

b) O que pode ter feito o cão perceber a intencionalidade da fala do dono?

Camila de Godoy

3. Observe e compare estes enunciados:

Seria bom	/	meu jornal.
Seria bom	/	ler meu jornal.

a) No primeiro enunciado, há uma oração. Qual é o sujeito dela? Qual é o predicado?

____

b) No segundo enunciado, há duas orações. Uma delas desempenha a função de sujeito da outra; e a outra, de predicado. Identifique-as.

____

____

____

____

CONCEITUANDO

Camila de Godoy

No 1º, 2º e 4º quadrinhos, temos períodos compostos por subordinação. Observe:

Seria bom	/	ler meu jornal agora!
or. principal		or. subordinada

Seria bom	/	saber as notícias!
or. principal		or. subordinada

Seria ruim	/	ter que trocar de cachorro!
or. principal		or. subordinada

Fernando Gonsales

Nos três casos, a oração subordinada equivale a um substantivo com o valor de sujeito. Observe:

Seria	bom	o jornal.		Seria	bom	/	ler o jornal.
VL	PS	sujeito		VL	PS		or. subordinada substantiva subjetiva

Assim, as orações "ler meu jornal agora!", "saber as notícias!" e "ter que trocar de cachorro!" são **subordinadas** porque complementam a oração principal; são **substantivas** porque equivalem a um substantivo; são **subjetivas** por serem o sujeito da oração principal.

Concluímos, então:

Oração subordinada substantiva é aquela que tem valor de substantivo e exerce, em relação à oração principal, a função de sujeito, objeto direto, objeto indireto, predicativo, complemento nominal ou aposto.

ATENÇÃO

As orações subordinadas substantivas são geralmente introduzidas pelas conjunções subordinativas integrantes **que** e **se**. Podem também, em alguns casos, ser introduzidas por um pronome indefinido, por um pronome ou advérbio interrogativo ou exclamativo. Veja ao lado.

Não sei	se quem por que como quando onde	vendeu sua motocicleta seminova.

EMPREGO DAS CONJUNÇÕES INTEGRANTES

Quando o verbo da oração principal exprime possibilidade, dúvida ou incerteza, emprega-se a conjunção integrante **se**. Na capa de livro ao lado, por exemplo, a forma verbal **pensou** introduz a ação em um plano hipotético; daí o emprego da conjunção integrante **se**.

Quando o verbo da oração principal exprime certeza, emprega-se a conjunção integrante **que**. Caso o enunciador quisesse expressar certeza, diria: "Penso **que** alguém achou e leu este diário".

Editora Melhoramentos

Classificação das orações substantivas

As orações subordinadas substantivas podem desempenhar no período as mesmas funções que os substantivos podem exercer nas orações: **sujeito**, **objeto direto**, **objeto indireto**, **predicativo**, **complemento nominal** e **aposto**. Assim, de acordo com sua função, recebem as seguintes denominações: **subjetiva**, **objetiva direta**, **objetiva indireta**, **predicativa**, **completiva nominal** e **apositiva**.

OBSERVAÇÃO

Certos verbos (sempre na 3ª pessoa do singular) e certas expressões comumente têm por sujeito uma oração subordinada substantiva: **acontecer**, **constar**, **cumprir**, **ocorrer**, **parecer**, **convir**; **sabe-se**, **conta-se**, **ficou provado**; **é bom**, **é claro**, **é certo**.

Subjetiva

Exerce a função de **sujeito** da oração de que depende ou em que se insere:

VL PS É certo or. principal	que ele trará os refrigerantes para o almoço. or. subordinada substantiva subjetiva

Objetiva direta

Exerce a função de **objeto direto** do verbo da oração principal:

VTD Espero or. principal	que você se divirta bastante nas férias. or. subordinada substantiva objetiva direta

Objetiva indireta

Exerce a função de **objeto indireto** do verbo da oração principal:

VTI Lembrou-se or. principal	de que ainda não entregara a pesquisa ao professor. or. subordinada substantiva objetiva indireta

Predicativa

Exerce a função de **predicativo** de um termo que é sujeito da oração principal:

sujeito VL O problema é or. principal	que ele não entregou a documentação no prazo exigido. or. subordinada substantiva predicativa

Completiva nominal

Exerce a função de **complemento nominal** de um substantivo ou adjetivo da oração principal:

VL adjetivo/PS Estou convencida or. principal	de que ele é seu namorado. or. subord. subst. completiva nominal

Apositiva

Exerce a função de **aposto** de um nome da oração principal:

suj. OI VTDI adj.adv. OD Eu lhe disse apenas isto: or. principal	(que) não se aborrecesse com ela. or. subordinada substantiva apositiva

Frequentemente é precedida por dois-pontos e, às vezes, pode vir entre vírgulas.

ATENÇÃO

Para reconhecer uma oração substantiva, podemos utilizar um artifício que quase sempre dá certo. Quando a oração é realmente substantiva, é possível substituí-la por um substantivo ou por um pronome substantivo como **isto**, **isso**, **aquilo**. Veja:

É preciso [que a mercadoria seja entregue agora.] → É preciso [isso.] → [Isso] é preciso.
(or. subordinada substantiva subjetiva) (sujeito) (sujeito)

Logo vi [que você não aceitaria meu empréstimo.] → Logo vi [isso.]
(or. subordinada substantiva objetiva direta) (OD)

EXERCÍCIOS

Leia a tira a seguir, de Dik Browne, e responda às questões de 1 a 4.

2016 King Features Syndicate/Ipress

(*O livro de ouro do Hagar, o Horrível*. São Paulo: Ediouro, 2016. p. 60.)

1. A tira constrói humor explorando a discrepância entre o que o enunciador pretendia dizer e como sua fala foi compreendida.

a) O que Helga pretendia dizer ao afirmar que Hagar "nunca ia deixar de ser uma criança"?

b) Como Hagar compreendeu a fala de Helga?

2. Nos diálogos, é comum que um interlocutor omita trechos que se encontram presentes na fala do outro. Assim, na expressão "Claro!" está subentendido o período: "É claro que estou alegre!", em que Hagar confirma a sua alegria.

a) Qual é a oração principal desse período?

b) Como se classifica a oração "que estou alegre"?

3. Observe agora o período composto que Hagar utiliza para justificar sua alegria.

a) Qual é a oração principal do período?

b) Como se classifica a oração "que jamais vou ficar velho!"?

4. No 2º quadrinho, Helga repete o que realmente havia dito a Hagar.

a) Qual é a oração principal desse período composto?

b) Como se classifica a oração subordinada substantiva presente nesse período?

5. Leia esta anedota:

[...] — Joãozinho, dei uma olhada na sua redação e notei que esta letra não é sua. Tenho certeza de que é a letra do seu pai.

— Bem, professor... Acho que é porque eu escrevi com a caneta dele.

(Gabriel Barazal. *Piadas para rachar o bico*. São Paulo: Editora Fundamento Educacional, 2010. p. 11)

Nessa anedota, há três orações subordinadas substantivas. Como se classificam?

- que esta letra não é sua ____________________
- de que é a letra do seu pai ____________________
- que é (a letra do meu pai) ____________________

6. Leia esta outra anedota:

Um vendedor, especialista em vendas por telefone, ligou para uma casa e um menino de 4 anos atendeu.

— Posso falar com a sua mãe? – perguntou o vendedor.

— Ela não está em casa – respondeu o menino.

— Há alguma outra pessoa aí com você?

— A minha irmã.

— Posso falar com ela?

— Acho que sim. Espere um pouco...

Depois de dois minutos de silêncio no telefone:

— Alô? – disse o menininho.

— É você? – falou o vendedor surpreso. — Pensei que você fosse chamar a sua irmã...

— Eu fui – disse o menino. — O problema é que eu não consigo tirá-la do berço.

(Gabriel Barazal. *Piadas para rachar o bico 1.* São Paulo: Editora Fundamento Educacional, 2010. p. 43.)

Weberson Santiago

Nessa anedota, há três orações subordinadas substantivas. Associe-as à sua classificação:

(1) que [pode falar com ela] sim.

(2) que você fosse chamar a sua irmã...

(3) que eu não consigo tirá-la do berço.

(   ) predicativa

(   ) subjetiva

(   ) objetiva direta

(   ) apositiva

7. Transforme as expressões destacadas em orações substantivas e, a seguir, classifique sintaticamente a oração formada. Veja o exemplo:

Convenci-o **do interesse do filme**.
Convenci-o **de que o filme era interessante**. / oração subordinada substantiva objetiva indireta

a) Convém **sua ajuda aos colegas**.

Convém ______________________________

b) O porteiro impediu **a entrada dos retardatários**.

O porteiro impediu ______________________________

c) O problema é **nossa desatenção**.

O problema é ______________________________

d) Ele estava certo **da inocência do amigo**.

Ele estava certo ______________________________

e) Só desejo uma coisa: **sua vitória**.

Só desejo uma coisa: ______________________________

Orações substantivas reduzidas

Observe o quadrinho ao lado. Note que o verbo da 2ª oração está no infinitivo e não há uma conjunção fazendo a ligação entre as orações. Isso ocorre porque a oração subordinada está reduzida. Veja:

Fernando Gonsales

(*Folha de S. Paulo*, 25/11/2010.)

Seria bom	ler meu jornal agora!
oração principal	oração subordinada substantiva subjetiva

A oração subordinada também poderia ser expressa assim:

Seria bom	**que** eu lesse meu jornal agora!
oração principal	oração subordinada substantiva subjetiva

Como você pode observar, nos dois enunciados, a oração subordinada tem a mesma função sintática e o mesmo sentido. A diferença entre elas é que uma apresenta uma forma **reduzida** e a outra uma forma **desenvolvida.**

Oração **desenvolvida** é aquela que apresenta o verbo no modo indicativo, subjuntivo ou imperativo e é introduzida por um conectivo (palavra de ligação).

Na oração substantiva "ler meu jornal agora", o verbo está no infinitivo e não há conjunção. Trata-se de uma oração **reduzida.**

Oração **reduzida** é aquela que apresenta o verbo numa das formas nominais (infinitivo, gerúndio ou particípio) e não precisa de conectivo.

Na língua portuguesa, há três tipos de orações reduzidas, dependendo da forma nominal do verbo: **de infinitivo**, **de gerúndio** e **de particípio.** Observe a correlação:

Seria bom	que eu lesse meu jornal agora!
	oração subordinada substantiva subjetiva desenvolvida

Seria bom	ler meu jornal agora!
	oração subordinada substantiva subjetiva reduzida de infinitivo

EXERCÍCIOS

Leia o anúncio ao lado.

1. Abrolhos é um parque marinho, situado no sul da Bahia, formado por cinco ilhas. É o local preferido das baleias jubarte para a reprodução, mas, como a região é rica em petróleo, tem sido alvo de interesses econômicos.

AlmapBBDO

(*IstoÉ*, nº 2 178.)

a) Quem é o anunciante? ______

______

b) Qual é a finalidade do anúncio? ______

______

c) O texto foi publicado numa revista de circulação nacional que trata de fatos ocorridos durante a semana: política, economia, cultura, etc. Levante hipóteses: Quem é o destinatário do anúncio?

______

2. O enunciado em destaque na parte inferior do anúncio é constituído por um período simples e por um período composto por subordinação. Veja:

> "O amor das baleias é perfeito. Não deixe ninguém estragar."

a) No período composto, a oração subordinada é reduzida. Identifique-a.

______

b) Como ficaria essa oração, caso ela fosse desenvolvida?

______

c) De qual termo da oração principal a oração reduzida é complemento?

______

d) Classifique a oração reduzida.

______

3. O endereço do *site* do anunciante constitui um período composto.

a) Identifique as orações desse período e classifique-as.

______

______

b) A oração subordinada do período é reduzida. Dê outra redação a ela, desenvolvendo-a.

______

4. Observe esta estrutura sintática:

> "Você tem que se decidir"

Discuta com os colegas: Nessa estrutura, quantas orações há? Qual é o valor gramatical da palavra **que**?

______

______

______

______

Thinkstock/Getty Images

AS ORAÇÕES SUBSTANTIVAS NA CONSTRUÇÃO DO TEXTO

Leia este poema, de Sérgio Capparelli:

Tania Thomson/Shutterstock

A garça

Toda garça sabe que é única
Toda garça sabe que é pouca
Quando voa, quando pousa
Quando anuncia para as outras
Uma fonte de águas claras.

Toda garça sabe que é plácida
Toda garça sabe que é limpa
Quando pousa e no lago fica
Quando anuncia às outras
Que a primavera principia.

Toda garça sabe que é pura
Enfeitada de avenca
Revolvendo com o bico as penas
E anunciando às outras
Que a vida vale a pena.

(*Poesia de bicicleta*. Porto Alegre: L&PM, 2009. p. 58.)

1. O poema apresenta paralelismo, ou seja, versos ou estruturas que se repetem várias vezes no texto.

a) Que versos são exemplos de paralelismo no poema?

b) Troque ideias com os colegas: Que efeito esse recurso produz no texto?

2. O início de cada estrofe marca a consciência que a ave tem de si mesma.

a) Qual verbo traduz essa consciência?

b) Quais os predicativos que a garça atribui a si mesma?

c) Qual desses predicativos situa a ave como especial em relação ao grupo?

3. Nas três estrofes, há um verso que, com pequenas variações, se repete e apresenta o anúncio que a garça faz.

a) Qual é o verso?

____

b) O que a garça anuncia?

____

c) O que esses três elementos têm em comum?

____

____

____

4. O poema apresenta algumas orações subordinadas que revelam o que a garça conhece de si e o que ela dá a conhecer às outras.

a) Classifique quanto à predicação o verbo **saber**.

____

b) Classifique as orações que complementam o verbo **saber** em cada estrofe.

____

Joos/Shutterstock

5. Observe agora estas estruturas:

"anuncia às outras que a primavera principia"
"anunciando às outras que a vida vale a pena"

a) Qual é a predicação do verbo **anunciar** nesses contextos?

____

b) Qual complemento do verbo **anunciar**, em cada situação, é uma oração? Classifique-o.

____

____

6. Relacionando as estruturas sintáticas do texto com a visão sobre a garça apresentada pelo poema, assinale a alternativa falsa:

a) O movimento contido da ave é descrito com verbos intransitivos, como **voar**, **pousar**, **ficar**.

b) Os predicados da garça aparecem como próprios dela e não transitórios, pois o verbo de ligação é o verbo **ser**.

c) O verbo **anunciar**, no poema, necessita de objeto indireto e objeto direto, pois envolve o ouvinte e a mensagem que a garça dá a conhecer.

d) O poema apresenta uma imagem individualista da garça, pois ela se opõe à convivência com o grupo.

e) Embora toda garça seja **única**, o termo **toda**, antes de **garça**, indica que qualquer uma delas, vista isoladamente, pode ser a ave descrita no poema.

SEMÂNTICA E DISCURSO

Leia o texto a seguir e responda às questões de 1 a 6.

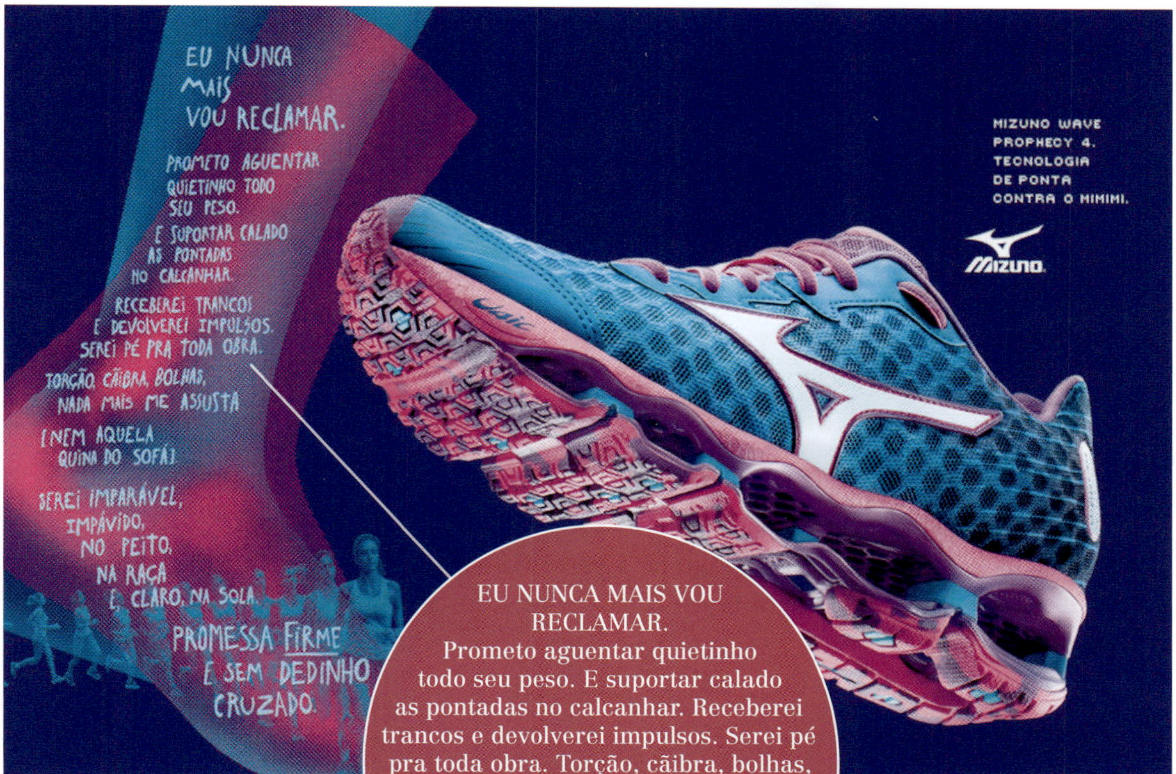

F/NAZCA

EU NUNCA MAIS VOU RECLAMAR.
Prometo aguentar quietinho todo seu peso. E suportar calado as pontadas no calcanhar. Receberei trancos e devolverei impulsos. Serei pé pra toda obra. Torção, cãibra, bolhas, nada mais me assusta [Nem aquela quina do sofá]. Serei imparável, impávido, no peito, na raça e, claro, na sola.
PROMESSA <u>FIRME</u> E SEM DEDINHO CRUZADO.

(Disponível em: www.putasacada.com.br/wp-content/uploads/2015/01/mizuno_fnazca_pe_dupla.jpg. Acesso em: 22/5/2016.)

1. A respeito do texto e de sua situação de produção, responda:

a) A que gênero ele pertence? Assinale a melhor opção.

( ) texto de campanha comunitária
( ) anúncio publicitário
( ) cartaz
( ) conto

b) Qual é a finalidade principal do texto?

____

c) Quem produziu o texto? A quem ele se dirige?

____

____

____

2. O texto é construído com linguagem verbal e não verbal. Na linguagem verbal, à esquerda do anúncio, apresenta-se a voz de outro locutor, em forma de personificação.

a) Em que pessoa fala o enunciador neste trecho: "Eu nunca mais vou reclamar"?

b) Quem é o locutor do texto verbal? A quem ele se dirige?

c) Além da imagem sobre a qual o texto é transcrito, em que passagem do texto o locutor se identifica de forma clara?

d) Com qual objetivo o locutor se dirige ao locutário?

3. Além da imagem transparente de um pé a partir da canela e de pessoas praticando corrida, há em destaque a imagem de um tênis. Qual é a relação dessa imagem com a linguagem verbal à esquerda?

4. Veja o enunciado à direita do texto:

> "Tecnologia de ponta contra o mimimi."

a) A voz que fala nesse enunciado é a mesma que fala no enunciado do lado esquerdo? Se não, levante hipóteses: A quem pertence? Justifique sua resposta.

b) Esse enunciado confirma a interação pretendida entre as linguagens verbal e não verbal? Justifique.

c) Que tipo de efeito a estratégia da personificação e o emprego da expressão coloquial "mimimi" proporcionam ao texto?

5. Releia o enunciado principal do anúncio, em letras menores.

a) Quantos são seus períodos?

b) Dado o objetivo do locutor, é possível identificar uma oração principal que unifique todos os períodos? Qual?

c) Como se classificam, em relação à oração principal, as orações que a complementam?

6. Veja como podemos entender algumas passagens do enunciado principal: "(Prometo que) receberei trancos e que devolverei impulsos", "(Prometo que) serei pé pra toda obra", etc.

a) E os dois primeiros períodos, como podem ser desenvolvidos?

b) Como as orações subordinadas do texto original se classificam?

7. O emprego de orações reduzidas no lugar de orações desenvolvidas geralmente torna um texto mais enxuto. Observe:

Vi	quando ela chegou.
or. principal	or. sub. subst. objetiva direta
Vi-a chegar.	

A norma-padrão formal não aceita a forma "Vi ela chegar"; por isso, o pronome pessoal do caso reto **ela** é substituído pelo pronome oblíquo **a**.

a) Identifique na tira a seguir uma situação em que, de acordo com a norma-padrão, há um pronome pessoal do caso reto empregado inadequadamente. Depois dê uma nova redação ao enunciado, adequando-o a essa norma.

(Gilmar. *Pau pra toda obra*. São Paulo: Devir, 2005. p. 10.)

b) Reescreva as frases a seguir, transformando as orações subordinadas desenvolvidas em reduzidas. Empregue o pronome pessoal de acordo com a norma-padrão.

- Notei que ele chegou sozinho à festa.

____

- Vi que ela estava triste naquele dia.

____

- Senti que eles ficaram confiantes na vitória.

____

8. Às vezes, por excesso de subordinação, podemos redigir textos prolixos, principalmente quando as orações subordinadas são desenvolvidas. O texto que segue, por exemplo, apresenta várias orações subordinadas substantivas desenvolvidas. Depois de lê-lo, reescreva-o, passando para a forma reduzida as orações destacadas.

> É conveniente **que todos façam doações de alimentos aos carentes** e **que colaborem diretamente na distribuição desses produtos**; caso contrário, haverá necessidade **de que modifiquemos nossas estratégias e de que peçamos auxílio a outros órgãos públicos e entidades assistencialistas**. Sem dúvida, o melhor no momento é **que reunamos forças para uma ação comum**.

____

____

____

____

____

PARA FALAR E ESCREVER COM ADEQUAÇÃO

Verbos anômalos, defectivos e abundantes

Verbos anômalos

Leia esta tira, de Fernando Gonsales:

Fernando Gonsales

(*Folha de S. Paulo*, 6/3/2012.)

1. Dependendo da situação, uma expressão pode ser interpretada pelo interlocutor em sentido diferente do usual.

a) Sendo um galo, a personagem teria motivo para se ofender com o que lhe foi dito? Justifique.

____

____

____

b) O que levou a personagem a interpretar a expressão em outro sentido?

____

____

____

2. Observe as formas verbais **vou** e **sou**, empregadas no 1º quadrinho. A que verbos elas pertencem?

____

3. Dê a 3ª pessoa do singular dos verbos a seguir nos tempos: presente, pretérito perfeito e futuro do presente do indicativo.

a) ser:

____

b) ir:

____

4. Compare as formas verbais solicitadas na questão anterior.

a) As formas verbais de **ser** têm o mesmo radical que o verbo no infinitivo?

____

____

b) E as formas verbais de **ir**? Têm o mesmo radical que o verbo no infinitivo?

____

____

Você já aprendeu que são chamados de irregulares os verbos que, ao serem conjugados, apresentam variações no radical. Por exemplo: **poder** – se eu **puder**. Ao responder às questões anteriores, você observou que os verbos **ser** e **ir** apresentam variações profundas no radical. Os verbos desse tipo são chamados de **anômalos**.

> **Verbos anômalos** são aqueles que, na sua conjugação, apresentam no radical alterações mais profundas do que os verbos irregulares.

Verbos defectivos

Leia estes versos, de Elias José:

Projeto de atriz

Encolhi o corpo todo
no palco.
Fiquei como um feto no útero,
sentindo o sangue correr
e as batidas do coração materno.

Pensei muito e só
no meu dedão do pé.
Senti a maciez e a eletricidade
de cada fio de cabelo.
Senti frios e me arrepiei.
Senti calores e suores brotarem.
Fui do pranto ao sorriso.

Viajei nas nuvens,
amarrei fitas de arco-íris
nos cabelos.
Aí ele pediu pra desligar-me,
não sentir e nem pensar
em nada, em nadinha mesmo.
Mas a cara do professor de teatro
veio vindo e foi crescendo.
Ganhou estranhas cores e formas.
Nem pensei mais em relaxamento
e explodi em histéricas gargalhadas.
E ele veio todo fera,
só querendo me matar.
Não me contive e morri de verdade,
Mas de tanto rir e rir e rir.

(*Cantigas de adolescer*. São Paulo: Atual, 2009. p. 36.)

Nelson Provazi

1. No poema, a aluna de teatro narra suas sensações na aula de relaxamento.

a) Ela consegue perceber sensações do corpo e imaginar o que provavelmente era proposto na aula?

b) Qual conjunção indica que houve mudança no que ocorria?

c) Por que há mudança no que ocorria?

2. Na 3ª estrofe, a aluna afirma: "e explodi em histéricas gargalhadas".

a) Na sua opinião, o emprego do verbo **explodir**, no pretérito perfeito, é estranho?

b) Se a afirmação da aluna tivesse sido feita no presente, "explodo em histéricas gargalhadas", a forma "explodo" seria aceitável, na sua opinião?

3. Ao nos vermos em situações de precisar empregar certos verbos no presente do indicativo, costumamos nos sentir inseguros.

a) Se você precisasse empregar os verbos **colorir**, **reaver** ou **precaver-se** na 1ª pessoa do presente do indicativo, que forma daria a eles? Escreva frases empregando essas formas verbais da maneira como você acha que elas devem ser. Quando terminar, compare suas respostas com as de seus colegas.

b) Escreva frases empregando os verbos **colorir**, **reaver** e **precaver-se** na 1ª pessoa do pretérito perfeito do indicativo. Compare suas frases com as de seus colegas.

CONTRAPONTO

Em nossa língua, muitos verbos tornaram-se defectivos pela falta de uso de algumas formas em certas pessoas, modos e tempos. Por exemplo, geralmente se estranha o emprego do verbo **reaver** no presente do indicativo. Caso quiséssemos empregar esse verbo no presente do indicativo, como seria? Eu "reavo"? Eu "reavejo"? Por não haver o uso, a gramática normativa não recomenda o emprego dessas formas.

Apesar disso, também há o movimento inverso: o uso reiterado de determinada forma verbal rejeitada pela norma-padrão pode alterar os critérios do que é aceitável. Por exemplo, os verbos **adequar-se** e **explodir**, ainda considerados defectivos pela maior parte das gramáticas, já constam no *Dicionário Houaiss da língua portuguesa* como não defectivos. Logo, segundo esse dicionário, é adequado dizer, em variedades de acordo com a norma-padrão, "eu me **adéquo** à situação" ou "eu **explodo** em gargalhadas". Já o *Dicionário escolar da língua portuguesa*, da Academia Brasileira de Letras, de 2008, recomenda as formas do verbo **adequar** com a tonicidade recaindo sobre o **u**. Quanto ao verbo **explodir**, registra "expludo", possibilidade aceita por alguns gramáticos para a 1ª pessoa do presente do indicativo.

Ao responder às questões anteriores, você notou que certos verbos não apresentam algumas formas, relativas a determinado tempo, modo ou pessoa. Esse tipo de verbo é chamado de **defectivo**, palavra que significa "imperfeito, defeituoso".

Verbos defectivos são aqueles que, na sua conjugação, não apresentam todas as formas verbais.

Na maioria dos casos, a defectividade verbal é devida à tradição, à eufonia ou à significação. São considerados defectivos também os verbos que designam vozes de animais, como **zurrar**, **cacarejar**, **latir**, **miar**, empregados apenas na 3ª pessoa, em virtude de sua significação.

Verbos abundantes

Leia a tira a seguir, de Fernando Gonsales, e responda às questões 1 e 2.

(*Níquel Náusea – Com mil demônios!!*. São Paulo: Devir, 2002. p. 39.)

1. O cartunista constrói o humor da tira a partir de uma situação absurda no mundo real. Qual é essa situação?

2. No 2º quadrinho da tira, lê-se a manchete: "Cientistas salvam baleia encalhada".

a) Qual é a predicação do verbo?

b) Em que voz está a oração?

c) Como seria essa oração na voz passiva analítica?

d) Qual é o verbo auxiliar?

e) Em que forma nominal (infinitivo, particípio ou gerúndio) está o verbo principal?

3. Complete as frases, empregando no particípio os verbos indicados entre parênteses:

a) Baleias encalhadas foram ____________________ pelos cientistas. (salvar)

b) O filhote de baleia foi ____________________ pelo pescador. (pegar)

c) Os animais recuperados foram ____________________ aos especialistas em biologia marinha. (entregar)

d) Os filhotes são ____________________ carinhosamente pelas mães. (aceitar)

4. Empregue no particípio os verbos indicados entre parênteses:

a) Você já tinha ____________________ sarampo antes de mim, lembra-se? (pegar)

b) Todos sabiam que o carteiro tinha ____________________ a encomenda. (entregar)

c) A mãe não tinha ____________________ a desculpa do filho. (aceitar)

d) A polícia costeira tinha ____________________ várias vítimas do naufrágio. (salvar)

5. Compare as respostas dadas às questões 3 e 4 e tire conclusões a respeito do emprego do particípio dos verbos **salvar**, **pegar**, **entregar** e **aceitar**.

a) Que forma é empregada quando o verbo auxiliar é **ter**?

____

b) E quando o verbo auxiliar é **ser**?

____

Ao responder às questões anteriores, você notou que certos verbos apresentam formas equivalentes, como **pego** e **pegado**, **entregue** e **entregado**, **aceito** e **aceitado**. Os verbos desse tipo são chamados de **abundantes**.

> **Verbos abundantes** são aqueles que apresentam duas ou mais formas equivalentes: **havemos** e **hemos**, **entopem** e **entupem**, **expulsado** e **expulso**.

Normalmente, a abundância ocorre no **particípio**: uma forma é regular, terminada em **-ado** (1ª conjugação) ou **-ido** (2ª e 3ª conjugações), e a outra é irregular, proveniente do latim ou de nome que passou a ter aplicação como verbo.

Eis uma relação dos verbos de duplo particípio usados com mais frequência:

Infinitivo	Particípio regular	Particípio irregular
aceitar	aceitado	aceito, aceite
acender	acendido	aceso
eleger	elegido	eleito
entregar	entregado	entregue
enxugar	enxugado	enxuto
expressar	expressado	expresso
expulsar	expulsado	expulso
extinguir	extinguido	extinto
frigir	frigido	frito
ganhar	ganhado	ganho
imprimir	imprimido	impresso
isentar	isentado	isento
salvar	salvado	salvo
tingir	tingido	tinto

De acordo com a norma-padrão, os particípios regulares normalmente são empregados com os verbos **ter** e **haver**, e os particípios irregulares com os verbos **ser** e **estar**.

EXERCÍCIOS

1. Complete, nas tiras a seguir, os diálogos das personagens, empregando os verbos anômalos **ser** e **ir**.

(Charles M. Schulz. *Snoopy – Posso fazer uma pergunta, professora?* Porto Alegre: L&PM, 2010. v. 5, p. 70.)

2. Complete as frases a seguir, empregando no pretérito perfeito e no presente, respectivamente, os verbos defectivos indicados entre parênteses. No presente, levante hipóteses sobre a possibilidade de empregar outros verbos ou expressões com sentido equivalente ao dos verbos indicados.

a) Ontem eu ____________________ meus mapas, mas agora não vou ____________________. (colorir)

b) No passado eu não me ____________________ ao sair à noite, mas atualmente eu me ____________________. (precaver-se)

c) Quando era jovem, muitas vezes eu ____________________; mas hoje, experiente, eu não ____________________. (falir)

d) Em tempos de progresso, eu ____________________ muitos prédios; hoje, com a falta de moradias, já não ____________________. (demolir)

e) No ano passado, eu ____________________ meus bens com facilidade; com a burocracia atual, já não os ____________________ tão facilmente. (reaver)

REAVER E PRECAVER-SE

Os verbos **reaver** e **precaver-se** são defectivos, isto é, não apresentam algumas formas verbais. O modo de saber se existe ou não determinada forma desses verbos é simples: só existem as formas correspondentes àquelas do verbo **haver** nas quais é empregada a letra **v**.

Vejamos, por exemplo, a conjugação de **haver** no presente do indicativo: eu hei, tu hás, ele há, nós havemos, vós haveis, eles hão. Assim, no presente do indicativo, o verbo **reaver** apresenta apenas as formas **reavemos** e **reaveis**, e o verbo **precaver-se**, as formas **nos precavemos** e **vos precaveis**.

3. Empregue particípios regulares ou irregulares indicados entre parênteses, de acordo com a norma-padrão. Para empregar a forma adequada, lembre-se de observar qual é o verbo auxiliar.

a) Seu pedido de demissão não foi ____________________ pelo gerente. (aceitado - aceito)

b) Se soubesse que o pedido era seu, eu o teria ____________________. (aceitado - aceito)

c) Foi ____________________ pela chuva quando chegava ao cais. (pegado - pego)

d) Quando aquele candidato foi ____________________, muitos se preocuparam com o futuro da cidade. (elegido - eleito)

e) Foram se desculpar com o vizinho, pois tinham ____________________ a correspondência que pertencia a ele. (pegado - pego)

f) Tinham ____________________ o melhor candidato, mas agora se decepcionavam com seus atos. (elegido - eleito)

g) Os convites já estavam ____________________ quando ele desistiu da festa. (imprimido - impresso)

h) A editora tinha ____________________ os cartazes com antecedência. (imprimido - impresso)

DIVIRTA-SE

Você consegue ler o que está escrito a seguir? Uma dica: segure o livro deitado perto de seu nariz e tente ler assim, com um dos olhos fechados. Depois, vire o livro de lado para ler a segunda parte da frase, que é um conhecido provérbio.

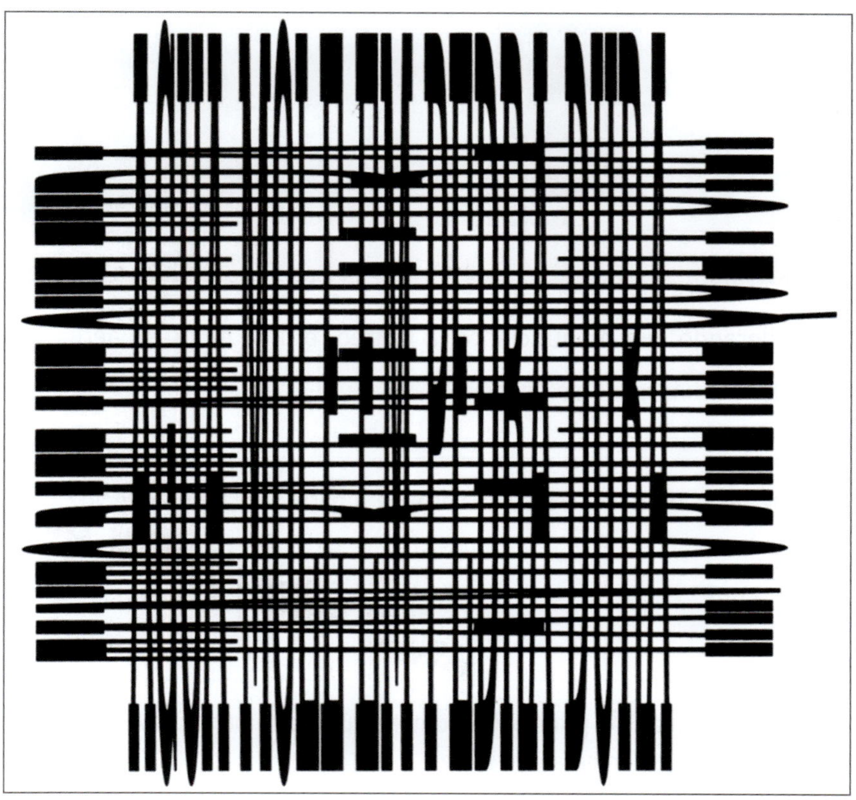

Maurício Veneza

(Adaptado de: *Ciência Hoje das Crianças*, nº 121.)

CAPÍTULO 3

O PRONOME RELATIVO

CONSTRUINDO O CONCEITO

Leia este anúncio publicitário:

(28º *Anuário do Clube de Criação de São Paulo*, p. 89.)

1. Considerando que o anunciante, a United, é uma empresa aérea, responda:

a) Qual é a finalidade do anúncio?

b) Que relação há entre a parte verbal e a parte visual do anúncio?

c) Portanto, qual é o principal argumento utilizado para convencer o leitor a comprar os serviços da empresa anunciante?

Biry Sarkis

2. No enunciado que se lê na parte superior do anúncio, à direita, há duas orações. Observe como se dá a articulação entre elas:

Nem todo mundo	que voa	precisa dormir em posição desconfortável.
1ª oração	2ª oração	1ª oração

a) Qual é a palavra da 2ª oração que liga as duas orações? ______

b) Essa palavra, além de ligar as duas orações, refere-se a um termo empregado na 1ª oração. Qual é esse termo?

______

c) Reescreva a 2ª oração, substituindo a palavra **que** pelo termo a que ela se refere. Depois identifique a função da palavra **que** na 2ª oração.

______

______

CONCEITUANDO

Ao responder às questões anteriores, você notou que no período "Nem todo mundo que voa precisa dormir em posição desconfortável", há duas orações, ligadas pelo conectivo **que**. Notou também que o conectivo **que** substitui, na 2ª oração, um termo antecedente – **todo mundo** –, expresso na 1ª oração. A palavra **que** é chamada de **pronome relativo**.

Advertolog

Pronome relativo é aquele que liga duas orações, substituindo na segunda oração um termo antecedente, isto é, um termo já expresso na primeira oração.

Os pronomes relativos são **que**, **quem**, **o qual** (**a qual**, **os quais**, **as quais**), **onde** (equivalendo a **em que**), **quanto** (**quanta**, **quantos**, **quantas**) e **cujo** (**cuja**, **cujos**, **cujas**) e podem ser precedidos ou não de preposições. Veja:

> A escola **onde** vou estudar é longe de minha casa.
> O aluno **a quem** confiei as notas é muito responsável.
> (a = preposição)

Os pronomes relativos, excetuando-se **cujo**, **cuja**, **cujos**, **cujas**, podem ser facilmente substituídos pelo relativo **o qual** e suas variantes (**a qual**, **os quais**, **as quais**). Observe:

> A menina de **quem** você gosta passou por aqui.
> A menina da **qual** você gosta passou por aqui.

LEMBRE-SE

Nos anos anteriores, você estudou cinco tipos de pronomes: **pessoais**, **possessivos**, **demonstrativos**, **indefinidos** e **interrogativos**. O **pronome relativo** completa o grupo dos seis tipos de pronome existentes na língua.

EXERCÍCIOS

1. Una as orações a seguir por meio de um destes pronomes relativos: que, quem, o qual, a qual, onde. Veja o exemplo:

> Procuro o **livro de Matemática**. O **livro de Matemática** tem a capa verde.
> Procuro o livro de Matemática **que** tem a capa verde.

a) A **matéria** é difícil. Nós vamos estudar essa **matéria**.

____

b) Moro na **casa**. A **casa** é antiga.

____

c) Li o **livro**. O **livro** chama-se *Robinson Crusoé*.

____

d) Conheço a **moça**. **Ela** é carioca.

____

2. O primeiro dos dois textos que seguem refere-se a uma expressão muito popular, e o segundo, a uma tradição do nosso calendário. Leia-os e, depois, identifique em cada um deles:

- os pronomes relativos;
- o termo antecedente que cada pronome relativo substitui.

Como surgiu a expressão "falar pelos cotovelos"?

koMinx/Shutterstock

A frase, que significa "falar demais", surgiu do costume que as pessoas muito falantes têm de tocar o interlocutor no cotovelo a fim de chamar mais a atenção. O folclorista brasileiro Câmara Cascudo fazia referência às mulheres do sertão nordestino, que à noite, na cama com os maridos, tocavam-nos para pedir reconciliação depois de alguma briga.

(Marcelo Duarte. *Guia dos curiosos.* Disponível em: www.solbrilhando.com.br/Curiosidades/Arquivos/guia_dos_curiosos.pdf. Acesso em: 2/6/2016.)

Por que os dias da semana acabam com feira*?*

[...] No cristianismo, o dia do Sol, solis dies, foi substituído por dominica, dia do Senhor; e o saturni dies, dia de Saturno, por sabbatum, derivado do hebraico shabbath, dia do descanso, consagrado pelo Velho Testamento. Os outros dias eram dedicados a: Lua (segunda), Marte (terça), Mercúrio (quarta), Júpiter (quinta) e Vênus (sexta). O termo "feira" surgiu em português porque, na semana de Páscoa, todos os dias eram feriados — férias ou feiras — e, além disso, os mercados funcionavam ao ar livre. Com o tempo, a Igreja baniu das liturgias os nomes pagãos dos dias, oficializando as "feiras". O domingo, que seria a primeira feira, conservou o mesmo nome por ser dedicado a Deus, fazendo a contagem iniciar-se na secunda feira, a segunda-feira. O sábado foi mantido em respeito à antiga tradição hebraica. Apesar da oposição da Igreja, as designações pagãs sobreviveram em todo o mundo cristão, menos no que viria a ser Portugal, graças ao apostolado de São Martinho de Braga (século VI), que combatia o costume de "dar nomes de demônios aos dias que Deus criou".

(Idem.)

Lavinia Fontana. Portrait of Pope Gregory XIII (Ugo Buoncompagni), The Bridgeman Art Library/Keystone Brasil

Como analisar sintaticamente o pronome relativo

Leia este cartum, de Angeli:

1. Observe as personagens do cartum e o diálogo que mantêm.

a) O que a forma de tratamento **Excelência**, empregada pelo homem de chapéu, revela a respeito da condição social de seu interlocutor?

b) Observe a caracterização física do homem de chapéu. O que essa caracterização sugere a respeito dele?

2. Um documento se caracteriza por ser a expressão escrita de uma verdade referente a fatos ou pessoas.

a) Dessa forma, que contradição existe entre o que o homem de chapéu afirma no 1º e no último balão?

b) Ao examinar os documentos, o homem de terno diz que se trata de uma **armação da grossa**. Qual é o sentido dessa expressão, no contexto?

____

____

3. Na terceira e na quarta cena, o homem de chapéu apresenta outros documentos, que, segundo ele, provam a falsidade dos documentos do primeiro envelope. O humor da tira se constrói na oposição entre essa revelação e o diálogo da primeira cena.

a) Explique por quê.

____

____

____

b) A tira foi publicada num momento em que o país vivia um período de prisões de políticos e empresários envolvidos em casos de corrupção. Considerando o contexto, sobre o que o cartum nos leva a refletir?

____

____

Observe a estrutura sintática destas frases:

- Excelência, neste envelope há **documentos** | **que** provam a existência de um esquema de falcatruas!
  1ª oração | 2ª oração

- Ora, [contém] **documentos** | **que** provam a falsidade do primeiro!
  1ª oração | 2ª oração

Angeli

Nas duas frases, a 2ª oração se liga à 1ª por meio do pronome relativo **que**, que substitui o termo **documentos** expresso anteriormente.

Para identificar a função sintática que um pronome relativo exerce em uma oração, nós o substituímos pelo antecedente e o classificamos. Veja:

antecedente
[...] há **documentos** / **que** provam a existência [...]
/ **documentos** provam a existência
SUJEITO

antecedente
[...] há **documentos** / **que** provam a falsidade [...]
/ **documentos** provam a falsidade
SUJEITO

Assim, na segunda oração das frases acima, o pronome relativo **que** desempenha a função de **sujeito**.

A MORFOSSINTAXE DOS PRONOMES RELATIVOS

Como os demais tipos de pronome, o pronome relativo exerce uma função sintática específica na oração de que faz parte. Assim, pode desempenhar as funções de sujeito, objeto direto, objeto indireto, complemento nominal, predicativo do sujeito, agente da passiva, adjunto adverbial e adjunto adnominal. Observe:

pronome relativo

Já partiram **os alunos** **que** vão participar do campeonato.

sujeito da 1ª oração — sujeito da 2ª oração

Observe outros exemplos:

antecedente

Esta é **a garota** / **que** nós vimos na TV.

OD

nós vimos **a garota** na TV

VTD — OD

antecedente

Voltarei a ser **a boa aluna** / **que** eu era.

PS

eu era **boa aluna**

VL — PS

antecedente

O livro / **de que** preciso / é este.

OI

preciso **do livro**

VTI — OI

EXERCÍCIOS

Leia o poema a seguir, de Roseana Murray, e responda às questões 1 e 2.

Clareira

Ando para trás
em minhas próprias pegadas,
no sulco que os pés escreveram
ao longo dos séculos
até chegar na clareira varrida
onde se reúnem todas as mulheres
que fui,
as feiticeiras, as atormentadas,
as loucas em noites de lua,
as que comiam terra.

(*Poemas para ler na escola*. Rio de Janeiro: Objetiva, 2011. p. 64.)

Nelson Provazi

1. Quem é o eu lírico que fala no poema? Quem ele representa?

2. Reconheça a função sintática dos pronomes relativos destacados nos seguintes versos do poema.

a) "no sulco **que** os pés escreveram"

b) "**onde** se reúnem todas as mulheres"

c) "**que** fui"

d) "as **que** comiam terra"

Leia a tira a seguir, de Laerte, e responda às questões 3 e 4.

Laerte

(*Classificados*. São Paulo: Devir, 2002. v. 2, p. 20.)

3. O humor da tira provém da contraposição de dois enunciados em uma placa.

a) Em geral, qual é a finalidade desse tipo de placa, encontrado em ruas e avenidas?

b) Qual é o enunciado que está em desacordo com esse contexto?

c) O que o cartum critica, ao inverter a posição da placa?

d) Que efeito o enunciado do 2º quadrinho pode ter sobre os operários que estão trabalhando?

4. No enunciado do 2º quadrinho, foi empregado um pronome relativo.

a) Identifique esse pronome e também o seu antecedente.

b) Substitua o pronome relativo por seu antecedente e identifique a função sintática exercida pelo pronome relativo nesse contexto.

O pronome relativo *cujo*

O pronome relativo **cujo** é empregado em circunstâncias diferentes daquelas em que são empregados os demais pronomes relativos. Ele liga dois termos, estabelecendo entre eles uma **relação de posse**.

Veja: Marcelo, **cuja** casa foi reformada, quer comprar móveis.

Desmembrando as orações, temos:

Marcelo quer comprar móveis.
A casa **de Marcelo** foi reformada. (de Marcelo: posse)
adj. adnominal

Observe que, na frase "A casa de Marcelo foi reformada", a expressão **de Marcelo**, que o pronome **cujo** substitui, é um adjunto adnominal. Como o pronome **cujo** sempre acompanha um nome, sua função é geralmente de **adjunto adnominal**.

Lembre-se:

- O pronome relativo **cujo** é variável e concorda em gênero e número com o termo que o sucede.
- Nunca há artigo após o pronome **cujo**.

Veja:

Os estoques **cujos** alimentos estão vencidos serão recolhidos.
Os estoques **cujas** mercadorias estão vencidas serão recolhidos.

O pronome relativo *onde*

De acordo com a norma-padrão da língua, o pronome relativo **onde** é empregado somente para indicar um lugar concreto, nunca uma situação. Observe:

A escola	onde	estudo é excelente.
antecedente	pronome relativo	

Se o termo antecedente for uma situação, e não um lugar, recomenda-se empregar **em que**:

Aquela foi uma disputa **em que** todos saíram perdendo.

Como o relativo **onde** substitui um antecedente que indica lugar, sua função sintática é sempre a de adjunto adverbial de lugar.

ONDE OU AONDE

Existem as duas formas. Mas, de acordo com a norma-padrão, a forma **aonde** deve ser empregada apenas com verbos que indicam movimento, como **ir**, **chegar**, **levar**, etc. Veja: "A casa **onde** estou é arejada" e "A casa **aonde** vou é arejada".

Quando o verbo rege a preposição **de**, podemos empregar **donde** ou **de onde**: "A casa **donde/de onde** vim é arejada".

EXERCÍCIOS

Leia os versos abaixo, de Sophia de Mello Breyner Andresen, e responda às questões 1 e 2.

Estações do ano

Primeiro vem Janeiro
suas longínquas metas
são Julho e são Agosto
luz de sal e de setas

a praia onde o vento
desfralda as barracas
e vira os guarda-sóis
ficou na infância antiga
cuja memória passa
pela rua à tarde
como uma cantiga
[...]

(*A lua no cinema e outros poemas*. São Paulo: Cia. das Letras, 2011. p. 80.)

1. Na segunda estrofe do poema, foi empregado o pronome relativo **onde**.

a) Que palavra o pronome relativo **onde** substitui, introduzindo a noção de lugar?

____

b) Reescreva a oração "onde o vento desfralda as barracas", trocando o pronome relativo pelo termo que ele substitui.

____

c) Conclua: Que função sintática o pronome **onde** desempenha nesse verso?

____

2. Observe o pronome relativo **cuja** empregado no 5º verso da segunda estrofe.

a) Que expressão esse pronome substitui, introduzindo a noção de posse?

____

b) Reescreva o 5º e o 6º versos da segunda estrofe, trocando o pronome relativo **cuja** pelo termo que é substituído por ele.

____

c) Conclua: Qual é a função sintática do pronome relativo **cuja**?

____

3. Complete as frases com **onde, aonde, de onde/donde** ou **em que**, de acordo com o contexto:

a) ______________ fica a escola em que você estudava?

b) Eu quero saber ______________ vamos sexta-feira.

c) É um problema ______________ todos devem pensar.

d) ______________ você veio?

e) O bairro ______________ moro é muito tranquilo.

f) Travou-se uma discussão ______________ todos tinham um pouco de razão.

4. Leia o anúncio ao lado.

a) No enunciado da parte superior do anúncio, foi empregado um pronome relativo. Identifique-o e indique sua função sintática.

____

____

b) Na parte inferior do anúncio, lê-se:

> "Você precisa de uma tinta Premium Plus que supera os principais atributos de qualidade que uma tinta deve ter"

Indique a função sintática dos pronomes relativos desse enunciado.

____

____

RaeMP

(*Veja Luxo*, dez. 2014.)

O PRONOME RELATIVO NA CONSTRUÇÃO DO TEXTO

Leia este poema, de Ulisses Tavares:

Além da imaginação

Tem gente passando fome.
E não é a fome que você imagina
entre uma refeição e outra.
Tem gente sentindo frio.
E não é o frio que você imagina
entre o chuveiro e a toalha.
Tem gente muito doente.
E não é a doença que você imagina
entre a receita e a aspirina.
Tem gente sem esperança
E não é o desalento que você imagina
entre o pesadelo e o despertar.
Tem gente pelos cantos.
E não são os cantos que você imagina
entre o passeio e a casa.
Tem gente sem dinheiro.
E não é falta que você imagina
entre o presente e a mesada.
Tem gente pedindo ajuda.
E não é aquela que você imagina
entre a escola e a novela.
Tem gente que existe e parece
imaginação.

(*Viva a poesia viva*. São Paulo: Saraiva, 1997. p. 57.)

Filipe Rocha

1. No poema, a expressão "Tem gente" inicia sete grupos de três versos.

a) Que formas verbais podem substituir o verbo **ter** nessa expressão?

b) A palavra **gente**, no contexto, se refere à totalidade das pessoas ou a certo número delas?

2. Há, no poema, sete grupos de três versos, nos quais se afirma algo sobre essas pessoas.

a) O que se afirma constitui propriedades positivas ou carências dessas pessoas? Nomeie essas propriedades, empregando substantivos adequados.

b) A quem se refere a palavra **você**, empregada no segundo verso de cada grupo?

PARA QUE SERVEM OS PRONOMES RELATIVOS?

O pronome relativo é um importante componente da coesão textual: liga orações e retoma termos já expressos no enunciado, evita repetições e, assim, torna o texto mais enxuto e dinâmico.

c) A palavra **e**, que inicia o segundo verso de cada grupo, estabelece que tipo de relação entre esse verso e o verso anterior: de acréscimo ou de oposição?

d) Supostamente, o que o leitor pode imaginar sobre as carências vividas por essas pessoas?

3. A palavra **que** foi empregada várias vezes no poema.

a) Em "**que** você imagina", qual é a função sintática que o pronome relativo desempenha?

b) Nas orações correspondentes aos versos 1, 4 e 19, o pronome relativo está implícito nas formas verbais que estão no gerúndio. Desenvolva as três orações, utilizando pronome relativo, e classifique sintaticamente o pronome.

4. Nos sete grupos de três versos, há um diálogo com o leitor.

a) Qual é a finalidade desse diálogo?

____

____

b) Nos dois versos finais, há um aparente pleonasmo: "Tem gente que existe". Qual é o sentido desse pleonasmo no contexto?

____

____

5. Como conclusão a respeito da relação entre as ideias gerais do poema e o papel que o pronome relativo desempenha nele, assinale a afirmação falsa:

a) A presença de vários pronomes relativos no poema se justifica pela finalidade que o texto tem: descrever uma ideia que, por meio deles, é retomada várias vezes.

b) Na maior parte de suas ocorrências, o pronome relativo desempenha a função sintática de objeto direto, o que coincide com o ponto de vista do eu lírico de que há uma realidade que é objeto da imaginação do leitor e não coincide com a realidade concreta.

c) O leitor formula, às vezes, conceitos a partir de sua realidade pessoal, criando uma imagem equivocada sobre a sociedade em geral.

d) O título do poema, "Além da imaginação", sugere que o leitor é incapaz de se conscientizar da existência do outro, por viver fechado em sua imaginação e distanciado da realidade.

SEMÂNTICA E DISCURSO

Leia o anúncio ao lado.

Leitura Alimenta/Leo Burnett/Livraria da Vila/Cesta Nobre

(Disponível em: ig-wp-colunistas.s3.amazonaws.com/consumoepropaganda/wp-content/uploads/2013/01/04-POSTER-LEITURA-03.jpg. Acesso em: 3/6/2016.)

1. O anúncio publicitário faz parte de um projeto ou uma campanha.

a) Qual é a finalidade do anúncio?

____

____

____

b) Quem são seus locutores ou enunciadores?

____

____

____

2. O enunciado "Tem gente que não tem tempo para ler. E tem gente que não tem livro" estabelece uma oposição entre diferentes tipos de pessoas e revela um grave problema social.

a) Qual é esse problema? ______________________________

b) Identifique os pronomes relativos empregados no enunciado e indique sua função sintática.

____

3. O enunciado "Leitura alimenta" é o nome do projeto.

a) Considerando-se o contexto, o enunciado apresenta certa ambiguidade. Explique por quê.

____

____

____

b) Que outros elementos do anúncio reforçam a ideia de leitura como alimento?

____

____

4. O que você acha desse projeto? Você contribuiria, doando um livro? Por quê? Que outros elementos você acha que poderia haver nessa cesta, além de alimentos e livro? Troque ideias com o professor e os colegas.

PARA ESCREVER COM COESÃO

Emprego dos pronomes relativos

Leia estas duas tiras:

King Features Syndicate/Ipress

1. No 1º quadrinho da primeira tira, a fala de Hagar constitui um período composto formado por três orações. Observe a classificação das duas primeiras orações:

> Nunca vou me esquecer da belezura de 19 anos | que eu conheci em Granada
> oração principal | oração subordinada adjetiva

a) Qual é o conectivo que une a segunda oração à primeira? ________________

b) A que termo da primeira oração esse conectivo se refere?

____

c) Reescreva a segunda oração, substituindo o pronome relativo **que** pelo termo a que ele se refere.

____

2. No 1º quadrinho da segunda tira, o período composto "[Faço] Um brinde à adorável mulher pela qual me apaixonei há tantos anos!" é formado por três orações.

a) Qual é o conectivo que, acompanhado de uma preposição, une a segunda oração à primeira?

____

b) Classifique sintaticamente as duas primeiras orações do período.

____

____

c) Reescreva a segunda oração, substituindo o pronome relativo pelo termo a que ele se refere.

____

Ao responder às questões, você observou que, dependendo da predicação do verbo da oração adjetiva, o pronome relativo pode vir ou não acompanhado de preposição.

Veja outros exemplos:

> Em Granada, conheci uma mulher **que** amei.
> (**que** = OD; amei = VTD)

> Em Granada, conheci uma mulher **pela qual** me apaixonei.
> (**pela qual** = OI, prep. *per* + a; apaixonei = VTI)

King Features Syndicate/Ipress

EXERCÍCIOS

1. Transforme as orações de cada item a seguir em um período composto. Para isso, empregue o pronome relativo **que** ou **quem**, precedido ou não de preposição. Veja o exemplo:

> São poucos os amigos. / Podemos contar sempre com os amigos.
> São poucos os amigos **com quem** podemos contar sempre.

a) A rua tem muitas palmeiras. / Construí minha casa nesta rua.

____

b) Não consigo lembrar o nome da professora. / Entreguei meu trabalho à professora.

c) O filme não valia o preço do ingresso. / Assisti a um filme.

d) Encontraram o menino. / Diversas pessoas procuravam pelo menino.

2. Reescreva a anedota abaixo, substituindo as palavras destacadas pelo pronome relativo **que** ou **o(a) qual**.

José visita seu amigo e leva consigo sua cadela Madona. **A cadela** entra e sai da casa do amigo. **O amigo** fica tão incomodado que pede ao visitante:

— Não deixe a cadela entrar na casa. Ela está cheia de pulgas.

E o dono da cadela ordena:

— Madona, não entre na casa! Ela está cheia de pulgas.

(*Língua Portuguesa*, nº 64, p. 16.)

Biry Sarkis

3. Transforme as orações de cada item a seguir em um período composto, por meio do emprego do pronome relativo **onde**, precedido ou não de preposição. Veja o exemplo:

A casa foi desapropriada. / Eu morava na casa.
A casa **onde** eu morava foi desapropriada.

a) Vivemos numa cidade. / Na cidade chove muito.

b) A caixa ficou aberta. / Ele tirou o dinheiro da caixa.

Andre Flauzino

4. Transforme as orações de cada item a seguir em um período composto, por meio do emprego do pronome relativo conveniente, precedido ou não de preposição. Veja o exemplo:

> Trouxeram-me uma notícia. A notícia me deixou feliz.
> Trouxeram-me uma notícia **que (a qual)** me deixou feliz.
>
> Trouxeram-me uma notícia. Apavorei-me **com** a notícia.
> Trouxeram-me uma notícia **com a qual (com que)** me apavorei.
>
> Trouxeram-me uma notícia. Duvidei **da** notícia.
> Trouxeram-me uma notícia **da qual (de que)** duvidei.

a) Invadiram as terras. As terras pertenciam aos índios.

____

b) Invadiram as terras. Nas terras moravam índios.

____

c) Invadiram as terras. Os donos das terras eram os índios.

____

Leia o anúncio a seguir e responda às questões de 5 a 8.

(*Claudia*, abril 2016, p. 46.)

5. O anúncio promove determinada marca de iogurte.

a) Quem é o locutor ou enunciador do anúncio?

______

b) Considerando o veículo em que o anúncio foi publicado, responda: Qual é seu público-alvo?

______

______

______

6. Observe o enunciado principal do anúncio:

"Para um lanchinho que pode"

O emprego do diminutivo em **lanchinho** e do verbo **poder** com um sentido característico (do que pode ou não pode) associa o enunciado a certo tipo de discurso.

a) Qual é esse tipo de discurso?

______

b) Que efeito de sentido tem o uso desse tipo de discurso no anúncio?

______

______

7. A forma verbal **pode** tem, no enunciado principal do anúncio, o sentido de "não proibido".

a) Substitua, em "Para um lanchinho que pode", o pronome relativo pelo seu antecedente e o verbo por um adjetivo adequado, mantendo o sentido original do enunciado.

______

b) Qual é a função sintática do pronome relativo **que**, no enunciado?

______

8. Relacionando-se a linguagem visual e a linguagem verbal do anúncio, é possível outro sentido ao termo **pode** do enunciado "Para um lanchinho que pode"? Qual?

______

______

______

______

9. Complete as frases com o pronome relativo **cujo**, precedido de preposição quando necessário:

a) Era grande o lago ______ margens eu costumava brincar.

b) Existem pessoas ______ palavras não podemos duvidar.

c) A prefeitura abrigou as pessoas ______ casas foram destruídas pela enchente.

d) Foram traídos por pessoas ______ lealdade confiavam.

10. Complete as frases com pronomes relativos, de acordo com o contexto. Use preposição, se necessário.

a) O restaurante ______________________ almoçamos estava lotado.

b) Foi fechado o estádio ______________________ dependências as torcidas provocaram tumultos.

c) Anotem a lista de materiais ______________________ vamos trabalhar na próxima semana.

d) Ele é um colaborador ______________________ fidelidade muito nos orgulhamos.

Leia a tira ao lado, com as personagens Hagar e Eddie Sortudo, e responda às questões 11 e 12.

(Dik Browne. *O livro de ouro do Hagar, o Horrível*. Rio de Janeiro: Ediouro, 2016. p. 76.)

11. Observe as falas de Hagar no 1º e no 3º quadrinho.

a) A quem, no 1º quadrinho, provavelmente se refere a expressão **a gente**?

b) O que, no 3º quadrinho, se contrapõe à afirmação machista de Hagar e, ao mesmo tempo, gera humor na tira?

12. Suponha que, no 1º quadrinho, Hagar tivesse dito:

A gente tem certeza absoluta **de** duas coisas.

a) Nessa frase, que palavra rege a preposição **de**?

b) Observe que, em "Há duas coisas que a gente tem certeza absoluta", na fala de Hagar, foi suprimida a preposição **de**. Caso tivesse havido emprego da preposição, em que posição ela seria inserida?

c) Levante hipóteses: Por que, na fala de Hagar, foi omitida a preposição **de**?

DE OLHO NA ESCRITA

Emprego de *por que, por quê, porque e porquê*

Leia esta tira:

(Fernando Gonsales. *Níquel Náusea – Nem tudo que balança cai!*. São Paulo: Devir, 2003. p. 5.)

1. Observe o emprego da expressão **porque** no balão do 1º quadrinho.

a) Em que posição a expressão se encontra: no início ou no fim da frase?

____

b) A frase é afirmativa ou interrogativa? _______________

c) Como a expressão está grafada? _______________

2. Observe o emprego de **porque** na resposta da cascavel.

a) No contexto, que ideia a palavra **porque** introduz?

- consequência
- causa ou explicação
- proporção

b) Como essa palavra está grafada? _______________

3. Interprete: O que a personagem quer dizer no último quadrinho ao afirmar que pode sair da boca da cascavel algo pior que veneno?

____

____

A expressão **porque** pode ser grafada de quatro formas: **por que, por quê, porque e porquê**.

POR QUE ou POR QUÊ?

No 1º quadrinho da tira, a personagem Níquel pergunta à cascavel:

Por que a cascavel tem um chocalho no rabo?

Ele também poderia ter feito a pergunta assim:

A cascavel tem um chocalho no rabo **por quê**?

Ou ainda assim:

Eu gostaria de saber **por que** a cascavel tem um chocalho no rabo.

Todas essas frases são interrogativas. A primeira e a segunda são interrogativas diretas, e a terceira é interrogativa indireta.

Na primeira e na terceira frases, há emprego de **por que** (separado e sem acento), pelo fato de essa expressão estar no início e no meio da frase, respectivamente.

Na segunda frase, há emprego de **por quê** (separado e com acento), em razão de essa expressão estar no final da frase.

Com o sentido de "por que motivo, por que razão", **por que** (separado), com ou sem acento – dependendo de sua posição na frase –, é empregado também em frases afirmativas e interrogativas indiretas.

PORQUE ou PORQUÊ?

Observe, no anúncio ao lado, o emprego de **porque**.

A primeira frase do enunciado em destaque no anúncio é interrogativa e, por isso, é empregado **por que** (separado e sem acento). Na segunda frase, **porque** (junto e sem acento) introduz uma explicação sobre o que foi perguntado.

XÔ Crise

(Disponível em: www.putasacada.com.br/wp-content/uploads/2016/02/4.jpg. Acesso em: 3/6/2016.)

Veja, agora, esta frase, adaptada do anúncio:

> Sabe o **porquê** da crise?

Nesse caso, empregou-se **porquê** (junto e com acento). Isso ocorre quando essa palavra aparece precedida do artigo **o**, é substantivada e tem o sentido de "motivo, razão".

Em resumo, emprega-se:

- **por que:** em frases interrogativas — diretas ou indiretas — e afirmativas;
- **por quê:** no final de frases, interrogativas e afirmativas;
- **porque:** em orações que explicam algo ou indicam a causa de algo;
- **porquê:** quando se trata de palavra substantivada, com o sentido de "motivo, razão".

EXERCÍCIOS

1. Complete o texto com **por que**, **por quê**, **porque** ou **porquê**:

Stock-Asso/Shutterstock

Enquanto toma seu café da manhã numa padaria, um homem observa um sujeito que pinta um muro do outro lado da rua.

Ele nota que o pintor faz seu trabalho cada vez mais rápido e queria saber o ________________ dessa pressa. Pintava de qualquer maneira ________________?

Ao terminar sua refeição, o homem, curioso, vai conversar com o pintor:

— ________________ você está pintando o muro cada vez mais rápido?

— ________________ a lata de tinta está no fim, tenho que pintar o muro antes que ela acabe! Entendeu ________________ tenho que ser ligeiro?

(Gabriel Barazal. *Piadas para rachar o bico – Proibido para adultos*. São Paulo: Fundamento, 2010. p. 31.)

2. Das formas **por que**, **por quê**, **porque** ou **porquê**, quais completam adequadamente o balão do 1º e do 3º quadrinhos da tira a seguir? Justifique sua resposta.

Garfield, Jim Davis © 2009 Paws, Inc. All Rights Reserved / Dist. Universal Uclick

(*Folha de S. Paulo*, 4/2/2009.)

3. Transforme as frases interrogativas diretas em interrogativas indiretas, e vice-versa, observando a grafia da palavra **porque**. Veja o exemplo:

Você não compareceu à aula de recuperação **por quê**?
Eu gostaria de saber **por que** você não compareceu à aula de recuperação.

a) O secretário de esportes quer saber por que vocês se recusam a participar dos Jogos do Interior.

b) Você não quer ir ao supermercado comigo por quê?

DIVIRTA-SE

Luciana Artacho Penna/Folhapress

(Luli Penna. "Na esquina". *Folha de S. Paulo*, 13/1/2014.)

CAPÍTULO 4

ORAÇÕES SUBORDINADAS ADJETIVAS

CONSTRUINDO O CONCEITO

Leia este anúncio:

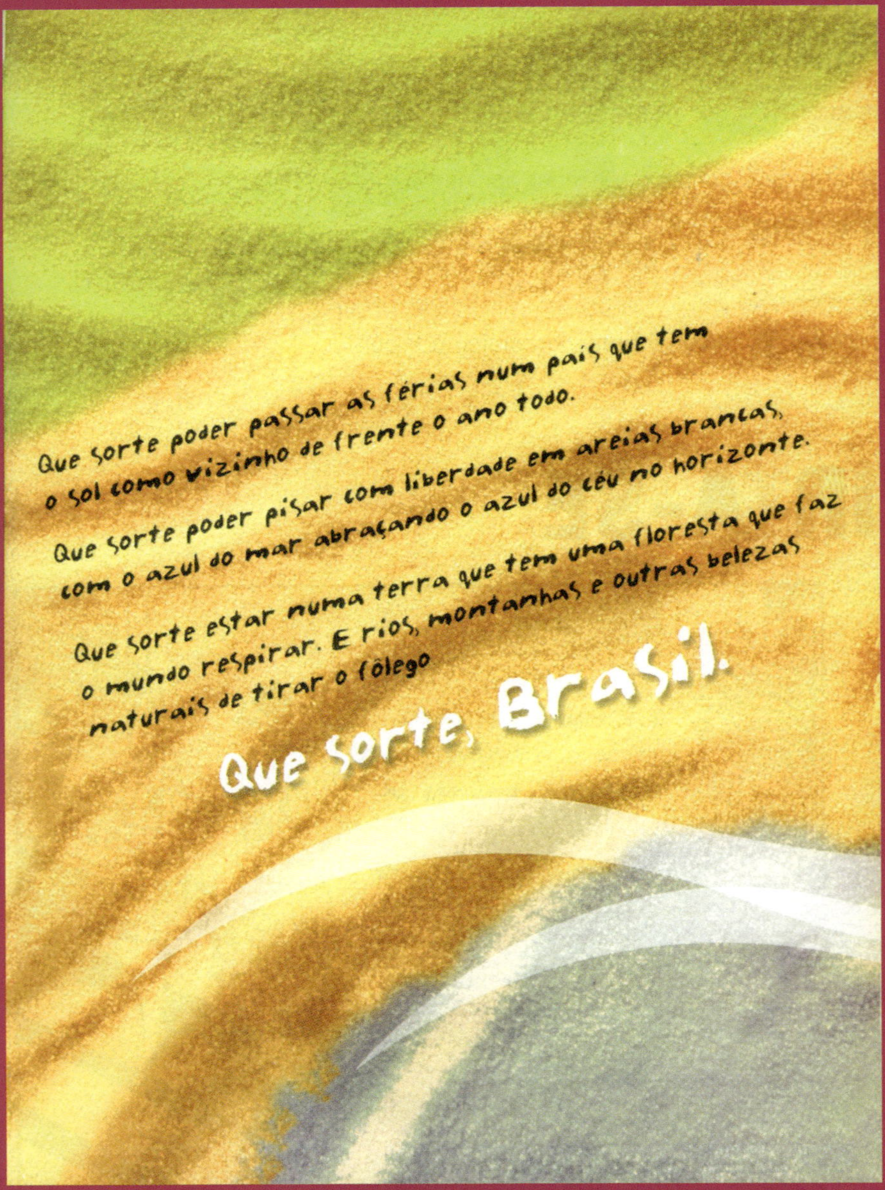

VEJA

(*Veja*, edição especial nº 54.)

Filipe Rocha

1. O anúncio foi produzido pela Resorts Brasil, entidade que reúne vários *resorts* em todo o país, e publicado no mês de dezembro, numa revista de circulação nacional. *Resort* é um tipo de hotel que, além de hospedagem, oferece recreação e divertimento.

a) Qual é a finalidade principal do anúncio?

b) Que relação existe entre a finalidade do anúncio e o momento e o veículo em que ele foi publicado?

c) O anúncio exalta as belezas naturais do nosso país e utiliza as cores verde e amarela, que reforçam o traço nacionalista do texto. Embora não explicitamente, o que o anúncio combate?

2. Como argumento em favor do turismo no Brasil, o anunciante procura destacar os atributos da natureza brasileira. De acordo com o anúncio:

a) Como são as areias?

VEJA

b) Como são o mar e o céu?

c) Como são as montanhas e outras belezas naturais?

d) Como é o país?

3. Compare estas estruturas sintáticas:

areias	brancas
país	que tem o sol como vizinho de frente o ano todo

a) Qual é a classe gramatical da palavra **brancas**? Que palavra ela modifica?

b) Com base na comparação entre as duas estruturas sintáticas, podemos afirmar que a oração "que tem o sol como vizinho de frente o ano todo" exerce um papel equivalente a:

- um substantivo
- um adjetivo
- um advérbio

c) Que palavra poderia substituir essa oração, mantendo o sentido básico que ela tem? Qual é a classe gramatical dessa palavra?

d) Identifique no texto outras orações com valor gramatical equivalente ao da oração "que tem o sol como vizinho de frente o ano todo".

e) Nas orações que você identificou e na oração "que tem o sol como vizinho de frente o ano todo", qual é a classificação gramatical da palavra **que**?

- conjunção integrante
- pronome relativo
- conjunção subordinativa adverbial
- pronome interrogativo

CONCEITUANDO

A oração "que tem o sol como vizinho de frente o ano todo" tem o mesmo papel que o adjetivo **ensolarado**. A oração que cumpre na frase o papel de um adjetivo é chamada de **oração subordinada adjetiva**.

> **Oração subordinada adjetiva** é aquela que tem valor de adjetivo, pois cumpre o papel de caracterizar um substantivo (nome ou pronome) antecedente.

As orações subordinadas adjetivas são introduzidas pelos pronomes relativos **que**, **onde**, **o qual** (**a qual**, **os quais**, **as quais**), **cujo** (**cuja**, **cujos**, **cujas**).

COMO SABER SE UMA ORAÇÃO É OU NÃO ADJETIVA?

Lembre-se de que toda oração adjetiva, desde que não seja reduzida, é introduzida por um pronome relativo. Se a palavra que introduz a oração subordinada é **que**, e você não tem certeza se ela é um pronome relativo, tente substituí-la por **o(a) qual**, **os(as) quais**, junto ou não de preposição. O emprego desse artifício só não é possível com o conectivo **cujo** e suas variantes, que são, sem dúvida, sempre pronomes relativos. Veja a oração em destaque nestes versos de Carmem Alicia Cadilla:

O canário é um fruto/ Maduro de sons/ **que nos presenteia/ com a doçura de seus cantos.**

Substituindo **que** por **o qual**, teríamos:

O canário é um fruto maduro de sons o **qual** nos presenteia com a doçura de seus cantos.

Classificação das orações adjetivas

Repare na estrutura sintática desta frase:

Os alunos **que foram mal na primeira avaliação** terão aulas de reforço.

OP — oração subordinada adjetiva — OP

De acordo com o enunciado, apenas os alunos que se saíram mal na primeira avaliação terão aulas de reforço. Os demais alunos certamente estão dispensados dessas aulas.

Observe, agora, a alteração de sentido que ocorre na frase quando a oração adjetiva é colocada entre vírgulas:

Os alunos, **que foram mal na primeira avaliação,** terão aulas de reforço.

OP — oração subordinada adjetiva — OP

De acordo com o novo enunciado, todos os alunos terão aula de reforço, pois todos foram mal na primeira avaliação. A intenção do locutor ao mencionar a informação correspondente à oração adjetiva é só lembrar algo já sabido por todos.

Na primeira situação, a oração adjetiva restringe, particulariza o sentido da palavra **alunos**; por isso, é uma oração **subordinada adjetiva restritiva**. Na segunda situação, a oração acrescenta à palavra **alunos** uma informação que já é de conhecimento do interlocutor; por isso é uma **oração subordinada adjetiva explicativa**. A oração adjetiva explicativa generaliza, universaliza o sentido da palavra **alunos**: todos os alunos foram mal na primeira avaliação; por isso, todos devem assistir às aulas de reforço.

Assim, as orações subordinadas adjetivas classificam-se em restritivas e explicativas.

restritivas

São as que delimitam, restringem ou particularizam o sentido de um nome (substantivo ou pronome) antecedente. Na escrita, ligam-se ao antecedente diretamente, sem vírgulas.

explicativas

São as que acrescentam ao antecedente uma informação que já é de conhecimento do interlocutor; assim, generalizam ou universalizam o sentido do antecedente. Na escrita, aparecem entre vírgulas.

PARA NÃO CONFUNDIR

Se fosse necessário classificar a oração "que o Brasil já foi", do anúncio ao lado, como você a classificaria?

Classificar construções como essa, em que a palavra **que** é precedida de **o**, pode causar dúvidas. Perceba que a palavra **o** é um pronome demonstrativo com sentido e valor gramatical equivalente ao do demonstrativo **aquilo**. Dessa forma, o pronome **o**, juntamente com **tudo**, forma o objeto direto de **descubra**, enquanto a oração adjetiva "que o Brasil já foi" modifica o pronome **o**. Veja:

pronome demonstrativo	pronome relativo
Descubra tudo **o** (aquilo)	**que** (o qual) o Brasil já foi
OP	or. subordinada adjetiva restritiva

FAAP

EXERCÍCIOS

Leia a tira a seguir, de Angeli, e responda às questões de 1 a 3.

(*Ozzy 4 – As lesmas carnívoras e outros amigos esquisitos.* São Paulo: Cia. das Letras, 2006. p. 8.)

1. Tudo o que falamos expressa uma **intencionalidade**, isto é, revela as intenções que temos ao produzir nosso discurso.

   a) Pelas falas de Ozzy, qual é a verdadeira finalidade de seu discurso?

   b) Que traço da personalidade de Ozzy se verifica a partir de seu discurso?

   c) Como Joanete se porta durante o jogo discursivo de Ozzy?

   d) Que argumento apresentado por Ozzy parece ter sensibilizado a garota?

2. Observe o 2º e o 3º quadrinhos da tira. Neles são empregadas duas orações adjetivas.

   a) Identifique-as e classifique-as.

   b) Do modo como estão redigidas, isto é, entre vírgulas, qual é o sentido que elas atribuem ao antecedente: de restrição ou de reiteração de informações conhecidas?

3. Imagine como ficaria o texto se fossem eliminadas as vírgulas antes e depois dessas orações adjetivas.

a) Nesse caso, as orações adjetivas restringiriam ou confirmariam uma informação conhecida?

b) Em qual dos casos o novo sentido ainda seria coerente? Por quê?

c) Em qual deles o novo sentido pode criar incoerência? Por quê?

Leia os versos a seguir, de José Paulo Paes, e responda às questões 4 e 5.

Cena legislativa

Primeiramente, condenou-se a pomba
Por amar uma paz entorpecente
Onde o leão perde a juba e a hiena os dentes.

Depois, condenou-se no cordeiro
A perigosa dúvida que o anima.
O rio dos lobos corre sempre para cima.

[...]

(*Poesia completa.* São Paulo: Companhia das Letras, 2008. p. 140.)

4. Substitua o pronome relativo destacado pela forma adequada, escolhida entre as apresentadas entre parênteses:

a) "[...] uma paz entorpecente / **Onde** o leão perde a juba e a hiena os dentes." (que - na qual - no qual - cuja)

b) "Depois, condenou-se no cordeiro / A perigosa dúvida **que** o anima." (o qual - cuja - onde - a qual)

5. Nos versos, há duas orações subordinadas adjetivas.

a) Identifique-as e classifique-as.

b) Dê a função sintática dos pronomes relativos presentes nas orações subordinadas adjetivas que você identificou.

Orações adjetivas reduzidas

Leia esta tira:

(Laerte. *Overman*. São Paulo: Devir/Jacarandá, 2003. p. 41.)

Observe a estrutura sintática deste período do 3º quadrinho:

> [Lá está] Um pedaço de jornal | levado pelo vento!!
>
> OP — or. subord. adjetiva restritiva reduzida de particípio

A segunda oração do período poderia ser desenvolvida, isto é, ser apresentada de outra forma e expressar a mesma ideia. Observe:

> [Lá está] Um pedaço de jornal | que foi levado pelo vento!!
>
> OP — or. subord. adjetiva restritiva desenvolvida

Concluindo: as orações subordinadas adjetivas podem apresentar-se desenvolvidas ou reduzidas. Quando reduzidas, têm o verbo no **infinitivo**, no **gerúndio** ou no **particípio**.

Veja outros exemplos:

> Ao longe, víamos pessoas **a entrar** e **a sair do edifício**.
> As pessoas, **observando o jardim florido**, esperavam que aquela maravilha nunca acabasse.
> Finalmente encontrei minha blusa, **manchada de um líquido escuro**.

EXERCÍCIOS

1. Leia estes versos, de Sérgio Capparelli:

Menina na janela

A lua é uma gata branca,
mansa,
que descansa entre as nuvens.
O Sol é um leão sedento,
mulambento,
que ruge na minha rua.
[...]

(In: Alda Beraldo. *Trabalhando com poesia*. 2. ed. São Paulo: Ática, 1990. p. 48.)

a) Identifique as orações adjetivas desenvolvidas presentes nos versos.

b) Transforme as orações adjetivas desenvolvidas em orações reduzidas.

2. Transforme as orações adjetivas desenvolvidas em orações reduzidas. Empregue a forma nominal indicada entre parênteses.

a) A lua, que brilha sobre a cidade, é de prata. (infinitivo)

b) O sol, que queima o asfalto, não dá trégua. (gerúndio)

c) O gato que o automóvel atropelou parece ter sete vidas. (particípio)

d) O leão, que o tempo enfraqueceu, rugia pouco. (particípio)

Leia o anúncio a seguir e responda às questões de 3 a 5.

A International Paper

(Disponível em: http://consumoepropaganda.ig.com.br/index.php/page/11/. Acesso em: 25/5/2016.)

3. No anúncio, observe a correlação das linguagens verbal e visual.

a) Como se entende, no contexto, a palavra **ilustrada**, presente no enunciado principal?

b) Observe agora o outro enunciado: "A sua história passada a limpo". Que relação há com o contexto do anúncio?

4. Verifique que o enunciado principal não apresenta verbo da oração principal explícito e o substantivo é acompanhado de uma oração subordinada reduzida.

a) Reescreva o enunciado na forma desenvolvida.

b) Identifique no anúncio outra oração com a mesma característica e desenvolva-a.

A International Paper

c) Classifique as duas orações reduzidas.

5. Levante hipóteses:

a) Por que, na sua opinião, o anunciante optou pelo emprego de frases nominais (sem verbo) nos dois enunciados principais?

b) Por que o anúncio promove o papel, se ele já é bastante utilizado?

AS ORAÇÕES ADJETIVAS NA CONSTRUÇÃO DO TEXTO

Leia, a seguir, um poema da escritora brasileira Éle Semog e responda às questões propostas.

Ponto histórico

Não é que eu
seja racista...
Mas existem certas
coisas
Que só os NEGROS
entendem.
Existe um tipo de amor
que só os NEGROS
possuem,
existe uma marca no
peito
que só nos NEGROS
se vê,
existe um sol
cansativo
que só os NEGROS
resistem.
Não é que eu
seja racista...
Mas existe uma
história
que só os NEGROS
sabem contar
... que poucos podem
entender.

(*O negro em versos – Antologia da poesia negra brasileira*. São Paulo: Moderna, 2005. p. 91.)

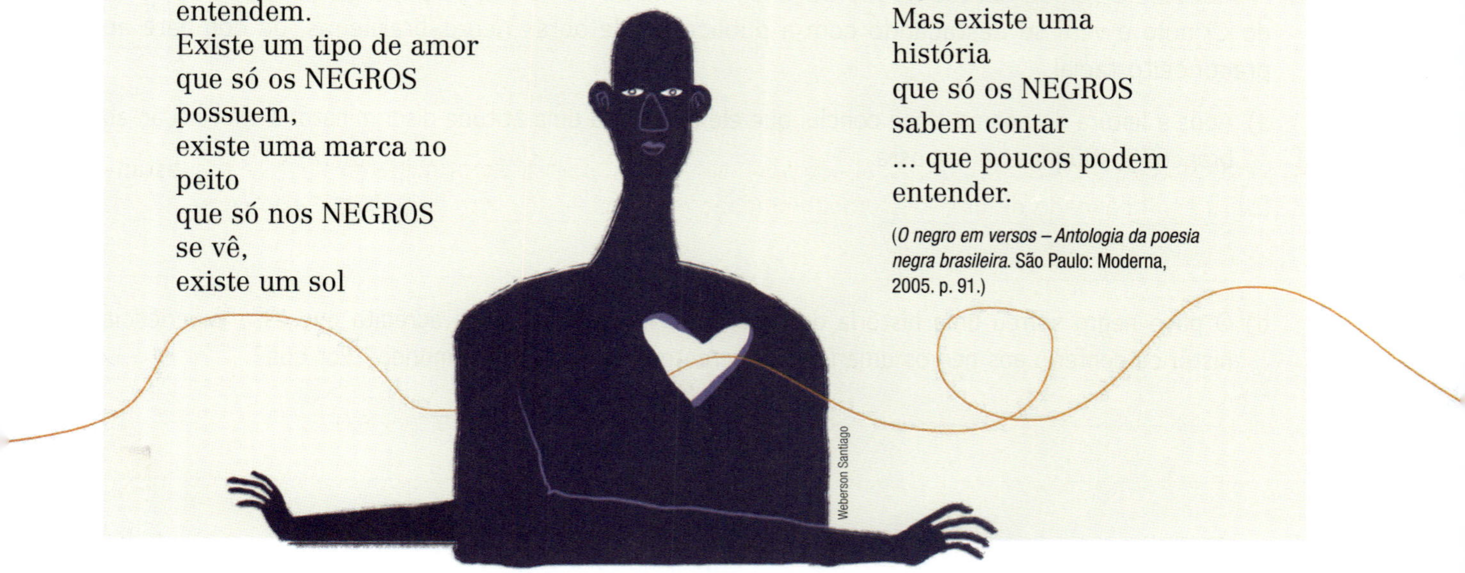

Weberson Santiago

1. O eu lírico organiza o texto para justificar-se em seguida sobre uma afirmação. Qual é essa afirmação?

____

2. A argumentação do eu lírico é constituída de uma sequência de períodos com duas orações.

a) O predicado da oração principal tem o mesmo verbo como núcleo. Qual é esse verbo?

____

b) Quais são os sujeitos desse verbo nas suas cinco ocorrências?

____

____

c) Esses termos são retomados nas orações subordinadas? Como?

____

d) De que tipo são as orações subordinadas desses períodos?

____

3. Nas orações adjetivas, uma palavra aparece em destaque. Essa palavra originariamente é um adjetivo.

a) No entanto, a que classe gramatical ela pertence no contexto do poema?

b) Da forma como foi empregada, a quem se refere esse substantivo?

c) A palavra **só** acompanha essa palavra em todas as suas ocorrências. Qual é o sentido dela no contexto: solidão ou exclusividade?

4. A poetisa Éle Semog nasceu no Rio de Janeiro em 1952, fundou o grupo Negrícia - Poesia e Arte do Crioulo e vem se destacando com a publicação de obras negro-brasileiras, de combate ao preconceito racial.

a) Após a leitura do poema, você conclui que ele apresenta uma atitude discriminatória em relação ao branco? Justifique sua resposta.

b) O povo negro sofreu uma história de violência e humilhação. Você acredita que essa experiência histórica conferiu aos negros uma forma diferente de ver e sentir o mundo? Por quê?

c) O título faz referência a um tópico de uma aula de história e o poema encerra com os versos: "Mas existe uma/ história/ que só os NEGROS/ sabem contar/... que poucos podem/ entender". Na sua opinião, de que se trata?

5. A oração adjetiva restritiva foi empregada várias vezes. Considerando o tema e a finalidade do texto, assinale, entre os itens a seguir, aquele que melhor explica o papel da oração adjetiva na construção do texto.

a) Como as orações adjetivas restringem e particularizam, elas cumprem no texto o papel de diferenciar um povo de outro e, assim, mostrar a superioridade de alguns em relação a outros.

b) O texto tem a finalidade de apresentar as características negativas de um grupo. Para dar conta desses defeitos, são empregadas orações adjetivas.

c) Há interesse em caracterizar poeticamente "os negros" com particularidades que os valorizam em razão de sua origem e história.

SEMÂNTICA E DISCURSO

Leia o anúncio:

Agência Fiat/Leo Burnett Tailor Made

(Disponível em: www.clubedecriacao.com.br/pecas/uma-so-peca-que-nao-seja-genuina-muda-a-historia-toda-24/. Acesso em: 25/5/2016.)

1. Observe a linguagem visual e o enunciado principal do texto: "Uma só peça que não seja genuína muda a história toda".

a) A palavra **peça** foi empregada de forma ambígua. Considerando quem é o anunciante e a relação entre linguagem verbal e não verbal, aponte os sentidos dessa palavra no contexto.

b) A palavra **genuíno** pode apresentar, entre outros sentidos, "autêntico, legítimo, verdadeiro, original".

Reescreva o enunciado principal do texto e substitua a oração "que não seja genuína" por um dos adjetivos acima, conservando o sentido que a oração tem no contexto.

2. Observe a oração "que não seja genuína".

a) Como ela é classificada sintaticamente?

b) Qual é o antecedente da palavra **que**?

c) Que função desempenha a palavra **que** na oração adjetiva?

3. Levando em conta o anunciante e a relação estabelecida com a linguagem visual do anúncio, explique o sentido da oração "Uma só peça [...] muda a história toda".

4. A palavra **só** pode apresentar diferentes sentidos, dependendo do contexto em que é empregada. Qual é o sentido da palavra no contexto? Indique-o:

a) sozinho

b) somente

c) único

d) isolado

PARA ESCREVER COM EXPRESSIVIDADE

A versificação (I)

Leia este poema, de Antonio Cicero:

Maresia

maresia: cheiro característico vindo do mar.

O meu amor me deixou
levou minha identidade
não sei mais bem onde estou
nem onde a realidade.

Ah, se eu fosse marinheiro
era eu quem tinha partido
mas meu coração ligeiro
não se teria partido

ou se partisse colava
com cola de **maresia**
eu amava e desamava
sem peso e com poesia.

Ah, se eu fosse marinheiro
seria doce meu lar
não só o Rio de Janeiro
a imensidão e o mar

leste oeste norte sul
onde um homem se situa
quando o Sol sobre o azul
ou quando no mar a Lua

não buscaria conforto
nem juntaria dinheiro
um amor em cada porto
ah, se eu fosse marinheiro.

(*A lua no cinema e outros poemas.* São Paulo: Companhia das Letras, 2011. p. 62.)

Nelson Provazi

1. O poema é organizado em estrofes, ou seja, em grupos de versos (linhas poéticas) separados por um espaço em branco.

a) Quantas estrofes há no poema?

____

b) Quantos versos há em cada estrofe?

____

2. O poema é bastante melódico, sonoro. Observe que existe semelhança sonora (**rima**) entre as palavras **deixou/estou** e **identidade/realidade**. Que outras palavras do poema apresentam o mesmo tipo de semelhança?

____

____

____

POESIA E POEMA

[...] As duas palavras vêm do grego e, nessa língua, a terminação "sis" (de poeSIA) serve para dar nome a uma ação ou atividade, enquanto "ma" (de poeMA) indica o produto dessa atividade. Trocando em miúdos, poema é produto, algo concreto, que podemos ler, enquanto poesia se refere à arte em geral, de maneira abstrata. Levando isso em conta, um livro de poesia (assim mesmo, no singular) pode conter trinta poemas (e nunca trinta poesias). [...]

(Ricardo da Cunha Lima. *De cabeça para baixo.* São Paulo: Companhia das Letrinhas, 2000. p. 54.)

3. Os poemas, como as canções e as danças, apresentam **ritmo**, recurso que reforça a musicalidade geral do texto. Releia em voz alta a seguinte estrofe do poema, percebendo como as sílabas destacadas são mais fortes do que as outras, criando ritmo.

> O **meu** amor me dei**xou**
> le**vou** minha identi**da**de
> não **sei** mais bem onde es**tou**
> nem **on**de a reali**da**de.

Faça o mesmo em relação à 3ª estrofe do poema. Releia em voz alta e identifique quais são as duas sílabas mais fortes de cada verso.

4. Além da rima e do ritmo, é comum na linguagem poética a repetição de palavras e até de versos inteiros.

a) Identifique o verso que se repete.

b) Por que, no contexto do poema, esse verso se repete?

Nelson Provazi

5. Na 2ª estrofe, o eu lírico emprega a palavra **partido** duas vezes, com sentidos diferentes.

a) A que ou a quem se refere a palavra, em cada ocorrência?

b) Quais são os dois sentidos dessa palavra no contexto?

c) Em qual das duas ocorrências a expressão **partido** tem sentido figurado?

6. A hipótese levantada pelo eu lírico – "se eu fosse marinheiro" – representa sua liberdade tanto no plano afetivo quanto no plano espacial. Explique como isso se daria.

Além das figuras de linguagem, muitos outros elementos participam da construção de um poema. Entre eles estão, por exemplo, ritmo, métrica, repetição de sons, palavras e versos, que são chamados de **recursos musicais**. O elemento básico das composições em verso é o ritmo, e o procedimento de compor um texto em versos é chamado de **versificação**.

Verso e estrofe

O poema "Maresia" tem 24 versos.

Verso é uma sucessão de palavras, sílabas ou fonemas que formam uma unidade rítmica e melódica; geralmente corresponde a uma linha do poema.

Os versos organizam-se em **estrofes**. No poema em estudo, os versos agrupam-se em seis estrofes.

De acordo com o número de versos que apresentam, as estrofes recebem as seguintes denominações: **dístico** (dois versos); **terceto** (três versos); **quadra** ou **quarteto** (quatro); **quintilha** (cinco); **sexteto** ou **sextilha** (seis); **sétima** ou **septilha** (sete); **oitava** (oito); **nona** (nove); **décima** (dez).

Métrica

A **métrica** é a medida dos versos, isto é, o número de sílabas poéticas que os versos apresentam. Essas sílabas nem sempre coincidem com as sílabas gramaticais, pois se baseiam na forma como a poesia é falada ou declamada. O procedimento de contar o número de sílabas poéticas de um verso chama-se **escansão**.

Compare a divisão silábica gramatical, isto é, a divisão silábica comum à escansão de um verso:

Divisão silábica gramatical

deu | me | es | pe | ran | ça | e | me | deu
1 2 3 4 5 6 7 8 9

Divisão silábica poética

deu | me es | pe | ran | ça e | me | deu
1 2 3 4 5 6 7

Como se nota, na divisão silábica poética, a 2ª sílaba é formada pela união das sílabas gramaticais **me** e **es**. Isso ocorre sempre que há o encontro de duas ou mais vogais tônicas ou átonas no final de uma palavra e início de outra. É o que acontece também na 5ª sílaba poética, que é a união das sílabas gramaticais **ça** e **e**. Além disso, na divisão silábica poética, a contagem para na última sílaba tônica, que, no caso desse verso, é a sílaba **deu**.

De acordo com o número de sílabas poéticas que apresentam, os versos recebem a seguinte denominação: **monossílabo** (uma sílaba), **dissílabo** (duas), **redondilha menor** ou **pentassílabo** (cinco), **redondilha maior** ou **heptassílabo** (sete), **octossílabo** (oito), **decassílabo** (dez), **alexandrino** (doze), etc.

No século XX, os poetas modernos criaram o **verso livre**, isto é, um verso sem nenhuma medida predeterminada. Observe a seguir os versos livres de um poema de Oswald de Andrade.

Oferta

Saibam quantos este
[meu verso virem
Que te amo
Do amor maior
Que possível for

(*Poesias reunidas*. 5. ed. Rio de Janeiro: Civilização Brasileira, 1971. p. 183.)

SONETO & CIA.

Existem poemas que sempre apresentam a mesma estrutura de construção. São os chamados poemas de formas fixas. Entre outros, é o caso do **soneto**, formado por quatorze versos, organizados em duas quadras e dois tercetos; do **rondó**, formado por uma quintilha seguida de um terceto e outra quintilha; do **haicai**, um poema de origem japonesa formado por três versos, o primeiro e o terceiro com cinco sílabas e o segundo com sete sílabas poéticas. Veja este exemplo de haicai, do poeta Guilherme de Almeida:

Noturno
Na cidade, a lua:
a joia branca que boia
na lama da rua.

(www.kakinet.com/caqui/gahai.htm)

EXERCÍCIOS

Leia o poema a seguir, de Vinícius de Morais, e responda às questões de 1 a 4.

Poética (II)

Com as lágrimas do tempo
E a cal do meu dia
Eu fiz o cimento
Da minha poesia.

E na perspectiva
Da vida futura
Ergui em carne viva
Sua arquitetura.

Não sei bem se é casa
Se é torre ou se é templo:
(Um templo sem Deus.)

Mas é grande e clara
Pertence ao seu tempo
— Entrai, irmãos meus!

(*Livro de sonetos*. São Paulo: Companhia das Letras, 2006. p. 66.)

1. O poema faz parte de um livro intitulado *Livro de sonetos*.

   a) Trata-se de um soneto? Justifique sua resposta.

   b) O soneto, em sua forma clássica, emprega o verso decassílabo (de dez sílabas). Que tipo de verso predomina no soneto em estudo? Levante hipóteses: Por que o poeta pode ter optado por esse tipo de verso?

2. Um poema, em geral, pode ter assuntos variados, como o amor, a natureza e a vida, entre outros.

   a) No caso do texto em estudo, de que trata o poema? ______

   b) Veja o título do poema. Ele tem relação com o assunto tratado? Justifique.

3. É comum, na linguagem poética, o uso de imagens que enriquecem a significação do texto. Assim, responda:

   a) A que o eu lírico compara a composição de seu poema?

   b) Que imagens revelam a presença da força vital do eu lírico nesse trabalho?

4. O eu lírico diz não saber se a poesia que ele constrói é casa, torre ou templo.

a) Levante hipóteses: O que pode haver de comum entre um poema e esses edifícios?

b) Conclua: Que sentido tem a poesia para o eu lírico?

5. Leia agora este fragmento de cordel, em linguagem regional, do poeta cearense Patativa do Assaré:

Bertulino:

[...]
Vô preguntá pra você
e tem que me respondê,
se é poeta porfundo,
e **rima sem quebrá pé**,
vá me dizendo qual é
a coisa maió do mundo.

Zé Tingó:

— Bertulino, esta pregunta
te respondo muito bem.
Das coisa que anda sem forgo,
a mais maió é o trem,
mas porém de bicho vivo,
vou lhe falá positivo,
do que eu conheço hoje em dia
e agora tô lembrado,
é o boi zebu raciado
do Coroné Malaquia.

Bertulino:

— Zé Tingó, eu nunca vi
tão tolo assim como tu.
A coisa maió do mundo
não é trem nem boi zebu.
Colega, a coisa maió
e também a mais mió
eu vou lhe dizê qual é,
sem demorá um segundo:
a coisa maió do mundo
é o grande amô da muié.
[...]

("Bertulino e Zé Tingó". In: *Feira de versos – Poesia de cordel*. São Paulo: Ática, 2004. p. 100.)

Weberson Santiago

rima sem quebrá pé: verso (*pé*) regular, sem *pé quebrado*, que mantém a unidade rítmica e melódica.

Faça a escansão de alguns versos do cordel e conclua: De que tipo são os versos empregados pelo poeta?

6. Segundo os especialistas, um bom haicai deve apresentar as seguintes características:

- Ter 17 sílabas poéticas, distribuídas em três versos, de 5, 7 e 5 sílabas.
- Fazer referência à natureza.
- Referir-se a um evento particular (ou seja, não fazer uma generalização).
- Apresentar o evento como se estivesse acontecendo no presente, e não no passado.

Veja, como exemplo, o texto vitorioso num concurso de haicais que envolveu estudantes do Paraná:

> Dentre os arvoredos
> Apenas algumas réstias.
> Sol aprisionado.
>
> (Franciela S. Zamariam. In: Napoleão Valadares (org.). *Antologia de haicais brasileiros.* Brasília: Andre Quice Editor, 2003. p. 47.)

Crie você também um haicai e leia-o para a classe.

DIVIRTA-SE

Árvore do conhecimento

[...] Escolha uma letra por folha e as desembaralhe para decifrar os sobrenomes de três cientistas famosos. Algumas letras vão sobrar (das folhas com duas): estas vão formar o sobrenome de outro cientista conhecido.

1 – Nascido na Alemanha, este físico desenvolveu a teoria geral da relatividade e escreveu a fórmula E = MC².

2 – Da Inglaterra, este matemático formulou as leis de movimento e de gravitação universal.

3 – Este filósofo grego, discípulo de Platão, foi um dos primeiros cientistas de verdade e professor de Alexandre, o Grande.

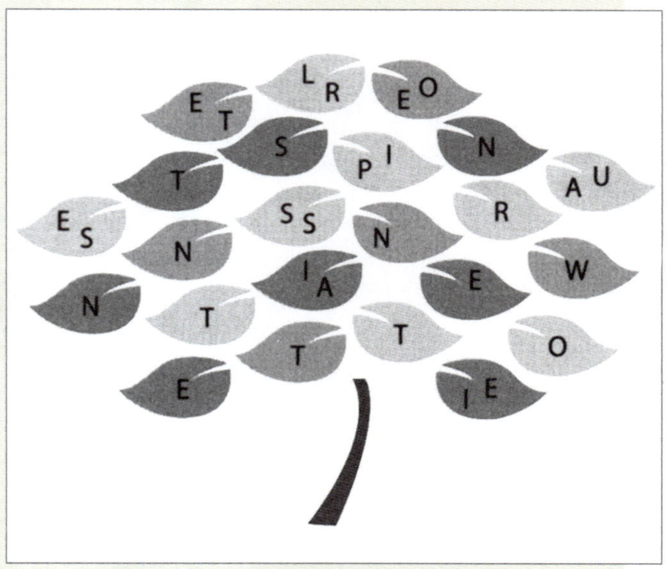

Charles Phillips/Ediouro Publicações

(Charles Phillips. *Cérebro — Lado esquerdo/Lado direito.* Rio de Janeiro: Ediouro, 2016. p. 28.)

CAPÍTULO 5

ORAÇÕES SUBORDINADAS ADVERBIAIS

CONSTRUINDO O CONCEITO

Leia a tira:

(Bill Watterson)

1. Na tira, Calvin explica suas ideias à mãe e tenta persuadi-la, porque tem um objetivo maior, revelado no último quadrinho.

a) Qual é esse objetivo?

b) Pela resposta da mãe de Calvin, é possível dizer que ele a convenceu?

____

2. Você já sabe que cada verbo ou locução verbal corresponde a uma oração. Observe o seguinte trecho da fala de Calvin, no 3º quadrinho:

> "Se eu mirar direito, entro direto na calça enquanto eu coloco minha camiseta."

a) Identifique as formas verbais desse trecho. ______________________________

b) Quantas orações há nesse trecho? ______________________________

3. No mesmo trecho da tira citado na questão anterior, as orações relacionam-se entre si por meio das conjunções **se** e **enquanto**. Considerando o papel de elemento de coesão desempenhado pelas conjunções, assinale a alternativa na qual são indicados os sentidos que, respectivamente, essas conjunções exprimem no período.

a) finalidade e tempo

b) comparação e condição

c) condição e tempo

d) tempo e finalidade

4. No último quadrinho, Calvin faz uma proposta à mãe e utiliza uma construção semelhante à do quadrinho anterior. Identifique na fala de Calvin, no último quadrinho:

a) os verbos e as locuções verbais que compõem o período;

____

b) a conjunção que liga as duas primeiras orações e o sentido por ela expresso.

____

5. Assinale a opção que melhor relaciona o uso das construções subordinadas analisadas nas questões anteriores ao objetivo que Calvin tem em vista ao explicar suas ideias à mãe.

( ) Calvin utiliza a conjunção condicional **se** e expressões adverbiais de tempo porque essas são construções simples, típicas da fala infantil, mais acessíveis a uma criança.

( ) Calvin é uma criança e ainda não sabe muito bem construir períodos com orações subordinadas; portanto, não utiliza adequadamente as conjunções e as expressões adverbiais em sua fala.

( ) Calvin utiliza a conjunção condicional **se** e conjunções e expressões adverbiais de tempo porque está imaginando a situação, hipotética, em que possa dormir um pouco mais pela manhã.

CONCEITUANDO

Na fala de Calvin do 3º quadrinho, temos um período composto por subordinação. Veja a classificação das orações do período:

Se eu mirar direito,	entro direto na calça	enquanto eu coloco minha camiseta.
oração subordinada	oração principal	oração subordinada

As orações subordinadas poderiam ser substituídas por adjuntos adverbiais, o que transformaria o enunciado em um período simples. Observe:

Com uma boa mira,	(eu)	entro	direto	na calça	simultaneamente à colocação da minha camiseta.
adj. adv. de condição	sujeito desinencial	VI	adj. adv. de modo	adj. adv. de lugar	adj. adv. de tempo

Veja, agora, a correspondência entre os dois períodos e compare a classificação dos termos que completam os verbos no período simples com a classificação das orações subordinadas no período composto:

locução adverbial		locução adverbial
Com uma boa mira,	entro direto na calça	simultaneamente à colocação da minha camiseta.
adj. adv. de condição		adj. adv. de tempo
Se eu mirar direito,	entro direto na calça	enquanto eu coloco minha camiseta.
oração subordinada adverbial condicional	oração principal	oração subordinada adverbial temporal

Observe que:

- as orações "Se eu mirar direito" e "enquanto eu coloco minha camiseta", do período composto, são dependentes sintaticamente da oração principal, porque equivalem a adjuntos adverbiais da forma verbal **entro**; por isso, são **orações subordinadas**;
- as orações "Se eu mirar direito" e "enquanto eu coloco minha camiseta" correspondem, respectivamente, aos adjuntos adverbiais "com uma boa mira", de condição, e "simultaneamente à colocação da minha camiseta", de tempo, do período simples; por isso, são denominadas, respectivamente, **oração subordinada adverbial condicional** e **oração subordinada adverbial temporal**.

Assim, concluímos:

Oração subordinada adverbial é aquela que tem valor de **advérbio** (ou de locução adverbial) e exerce, em relação ao verbo da oração principal, a função de adjunto adverbial.

EXERCÍCIOS

Leia o anúncio abaixo e responda às questões de 1 a 3.

Ogilvy Brasil

(Disponível em: www.clubedecriacao.com.br/pecas/basta-uma-letra-enquanto-dirige-nao-envie-torpedos-bronze-para-campanha-3/. Acesso em: 26/5/2016.)

1. Sobre o anúncio, responda:

a) Ao primeiro olhar, a que se assemelha a figura em preto, no centro do anúncio? Que relação essa figura tem com o enunciado "Basta uma letra"?

____

____

b) Com um olhar mais atento, observamos alguns detalhes no fundo da imagem em preto. O que há na ponta superior da figura em preto?

____

____

c) O que são, na verdade, as faixas em preto?

____

____

2. No enunciado verbal do anúncio, lemos "Basta uma letra. Enquanto dirige, não envie torpedos".

a) Quem é o anunciante?

b) Qual é a finalidade do anúncio?

c) Que relação existe entre a parte verbal e a parte visual do anúncio?

d) Qual é o principal argumento utilizado para convencer os leitores?

3. Observe a estrutura sintática do enunciado de advertência do anúncio:

Enquanto dirige,	não envie torpedos.
or. subordinada	or. principal

Trata-se de um período composto, formado por duas orações. A primeira delas liga-se à oração principal por meio da conjunção **enquanto**. Qual é o sentido que essa conjunção exprime no período?

a) finalidade
b) condição
c) comparação
d) tempo

4. Transforme em orações subordinadas adverbiais os adjuntos adverbiais destacados nos enunciados a seguir. Para isso, empregue a conjunção entre parênteses, como no exemplo:

Por sorte, chegamos uma hora antes do combinado. (porque)
Porque tivemos sorte, chegamos uma hora antes do combinado.

a) **Apesar dos problemas**, ela espera conseguir o cargo. (ainda que)

b) **Na reunião de amanhã**, esse assunto será retomado. (quando)

c) **Sem o meu consentimento**, eles não irão muito longe. (se)

d) Os manifestantes lutam **pelo voto secreto**. (a fim de)

Classificação das orações adverbiais

De acordo com os valores semânticos que expressam, as orações subordinadas adverbiais classificam-se em temporais, condicionais, concessivas, proporcionais, causais, consecutivas, comparativas, conformativas e finais.

Temporais

Indicam o momento, a época, o **tempo** de ocorrência do fato expresso na oração principal:

> **Quando a noite chega**, os pássaros buscam seus ninhos.

São introduzidas pelas conjunções subordinativas temporais: **quando**, **enquanto**, **logo que**, **assim que**, **mal**, etc.

Ruy Lindenberg/Pirelli

No anúncio acima, em linguagem figurada, as orações "quando ele entra na vida das pessoas" e "e (quando) não sai mais" são adverbiais temporais, pois indicam o momento em que o pneu tem aderência.

Condicionais

Expressam uma **hipótese** ou **condição** para que ocorra o fato expresso na oração principal:

> **Contanto que ele participe**, pode entrar no nosso grupo.

São introduzidas pelas conjunções subordinativas condicionais: **se**, **caso**, **contanto que**, **desde que**, **salvo se**, **a menos que**, **sem que**, etc.

Concessivas

Expressam uma **concessão**, um fato contrário ao expresso na oração principal, porém insuficiente para anulá-lo:

> **Embora o tempo esteja feio**, vou para a praia no final de semana.

São introduzidas pelas conjunções subordinativas concessivas: **embora**, **conquanto**, **ainda que**, **mesmo que**, **se bem que**, **por mais que**, etc.

Proporcionais

Indicam uma **proporção** em relação ao fato expresso na oração principal:

> **Quanto mais eu lia**, mais gostava de ler.

São introduzidas pelas conjunções subordinativas proporcionais: **à proporção que**, **à medida que**, **ao passo que**, **quanto mais... (mais)**, etc.

EXERCÍCIOS

Leia o anúncio a seguir e responda às questões 1 e 2.

AlmapBBDO

(Disponível em: www.putasacada.com.br/wp-content/uploads/2015/10/gol_linhasaereas.almap.jpg. Acesso em: 26/5/2016.)

1. Abaixo do pássaro, lê-se o enunciado "Por que viajar de outro jeito se você pode voar?".

a) Qual é a oração adverbial existente nesse período composto? Identifique-a.

b) Qual é a conjunção adverbial que a introduz?

c) Indique o valor semântico expresso por essa oração e classifique-a.

2. Sabendo-se que o anunciante é uma empresa de transportes aéreos, observe a linguagem visual do anúncio e responda:

a) A pergunta formulada pelo enunciado tem razão de ser se o destinatário for o pássaro que está sobre o banco? Por quê?

b) Se o destinatário for o leitor do anúncio, como se deve entender a expressão **de outro jeito**? E a palavra **voar**?

____

____

3. Indique o valor semântico (tempo, condição, concessão, proporção) das orações destacadas nas frases:

a) **Se eu for convocada para o jogo**, não vou decepcionar. ______________

b) **Logo que cheguei**, fui almoçar. ______________

c) **Embora more longe**, nunca chega atrasado. ______________

d) **À medida que estudo**, vou entendendo melhor esses cálculos. ______________

e) **Por mais que eu evite doces**, não consigo resistir ao chocolate. ______________

4. Leia esta tira, de Ziraldo, com o Menino Maluquinho:

(*O Menino Maluquinho em quadrinhos* – As tiras. Porto Alegre: L&PM, 1991. p. 33.)

Reconheça a oração subordinada adverbial existente na tira e classifique-a.

____

Causais

Indicam a **causa** do efeito expresso na oração principal:

Estou vestida assim **porque vou a uma festa.**

São introduzidas pelas conjunções subordinativas causais: **porque**, **visto que**, **que**, **posto que**, **uma vez que**, **como** (sempre anteposto à oração principal), etc.

Consecutivas

Expressam uma **consequência**, um efeito do fato mencionado na oração principal:

Falou tanto **que ficou sem voz.**

São introduzidas pelas conjunções subordinativas consecutivas: **que** (precedido de **tal**, **tão**, **tanto**, **tamanho**), **de sorte que**, **de modo que**, etc.

Comparativas

Estabelecem uma **comparação** em relação a um elemento da oração principal:

A criança comia tanto **quanto um adulto**.

São introduzidas pelas conjunções subordinativas comparativas: **como**, **que**, **do que**, **assim como**, (**tanto**) **quanto**, etc.

Conformativas

Estabelecem uma ideia de concordância, de **conformidade** entre um fato nela mencionado e outro expresso na oração principal:

A prova acabou mesmo sendo adiada, **conforme prevíamos**.

São introduzidas pelas conjunções subordinativas conformativas: **como**, **conforme**, **segundo**, **consoante**, etc.

Finais

Apresentam uma finalidade para o fato expresso na oração principal:

Vamos nos esforçar **para que todos participem dos jogos**.

São introduzidas pelas conjunções subordinativas finais: **para que**, **a fim de que**, **que**.

Orações adverbiais reduzidas

Do mesmo modo que as orações substantivas e adjetivas, as orações adverbiais podem apresentar-se nas formas desenvolvida e reduzida. As **reduzidas** têm o verbo no **infinitivo**, no **gerúndio** ou no **particípio**. Veja os exemplos:

O novo funcionário veio para cuidar da segurança da escola.
or. subord. adverbial final
reduzida de infinitivo

Chegando ao aeroporto, ligue para mim.
or. subord. adverbial temporal
reduzida de gerúndio

Reconhecida sua inocência, ele poderá voltar a frequentar nossos encontros.
or. subord. adverbial condicional
reduzida de particípio

EXERCÍCIOS

Leia, a seguir, parte da letra de uma conhecida canção, de Paulinho da Viola. Depois responda às questões de 1 a 3.

Foi um rio que passou em minha vida

Se um dia
Meu coração for consultado
Para saber se andou errado
Será difícil negar

Meu coração
Tem mania de amor
Amor não é fácil de achar
A marca dos meus desenganos ficou, ficou
Só um amor pode apagar
A marca dos meus desenganos ficou, ficou
Só um amor pode apagar

Porém! Ai porém!
Há um caso diferente
Que marcou num breve tempo
Meu coração para sempre
Era dia de Carnaval
Carregava uma tristeza
Não pensava em novo amor
Quando alguém que não me lembro
[anunciou
Portela, Portela
O samba trazendo alvorada
Meu coração conquistou

[...]

(Disponível em: https://www.letras.mus.br/paulinho-da-viola/48054. Acesso em: 27/5/2016.)

Stefan Kolumban/Pulsar Imagens

1. Na canção, o eu lírico trata de suas experiências amorosas.

a) O que ele pensa a respeito de sua conduta amorosa? Justifique sua resposta com versos da canção.

b) De acordo com o texto, o que pode apagar as experiências negativas no amor?

c) Qual foi o novo amor que conquistou o eu lírico?

2. Classifique as seguintes orações do texto.

a) "Se um dia meu coração for consultado"

b) "Para saber"

c) "Quando alguém anunciou Portela"

3. A propósito das orações "Se um dia meu coração for consultado", "para saber" e "meu coração tem mania de amor", assinale a alternativa **falsa**:

a) A conjunção **se**, por seu valor condicional, introduz o leitor em um plano hipotético, que, para se realizar, depende de uma condição, isto é, o eu lírico acharia difícil negar que seu coração andou errado, **desde que**, um dia, fosse consultado a respeito.

b) A causa de o coração do eu lírico ser consultado é "para saber se andou errado".

c) A oração "para saber" expressa a finalidade de uma possível consulta ao coração do eu lírico.

d) A oração "meu coração tem mania de amor", precedida pela subentendida conjunção **porque** expressa causa ou explicação da afirmação anterior "Será difícil negar".

4. Leia o anúncio ao lado.

É próprio da linguagem publicitária apresentar mensagens verbais enxutas e com palavras subentendidas.

a) Reescreva o enunciado da parte superior do anúncio lido, explicitando as palavras subentendidas.

____
____
____
____
____
____
____

b) Classifique a oração subordinada presente nesse enunciado.

____
____
____
____
____

R/Com Propaganda

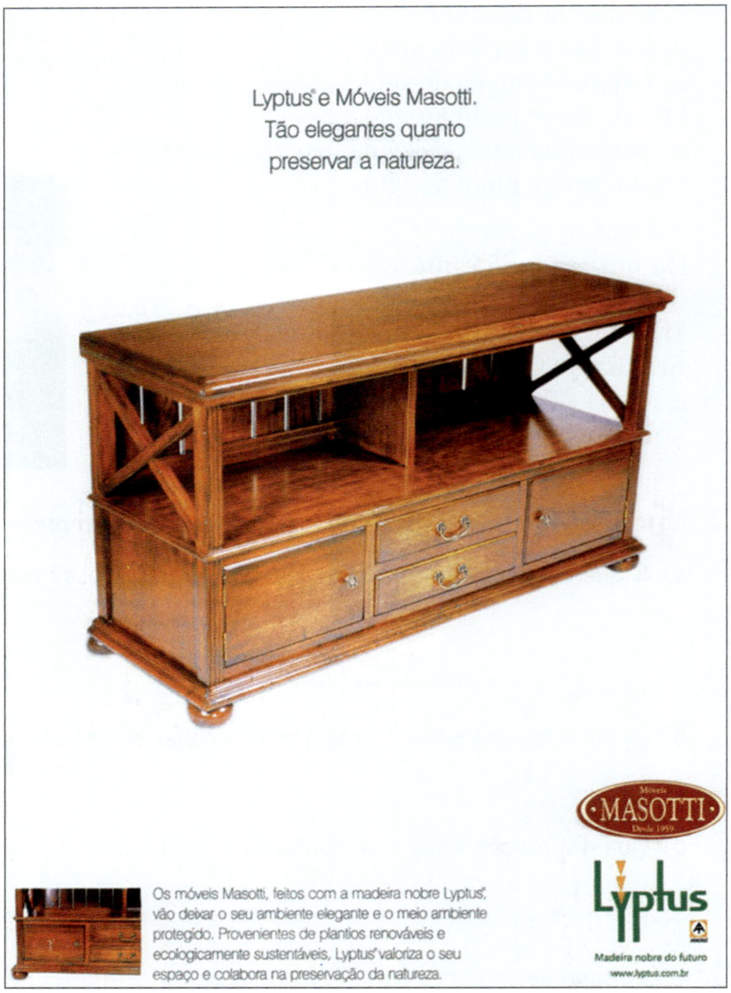

(*Revista Espaço D'*, ano 6, nº 5.)

5. Associe as orações adverbiais destacadas com o valor semântico que elas apresentam:

( ) A criança chorou **porque a mãe precisou sair**.	I - consequência
( ) Riu tanto **que passou mal**.	II - comparação
( ) Estudou **tanto quanto eu**.	III - conformidade
( ) Cheguei cedo, **conforme combinamos**.	IV - causa

6. Leia o texto:

Por que suamos ao sentir calor?

Para refrescar o organismo. Quando o corpo sente calor durante ou depois de alguma atividade física ou quando estamos com febre, pequenas glândulas na pele produzem o suor. Ele é um líquido levemente salgado, composto por 99% de água. Essa água evapora e ajuda a absorver o calor da pele, deixando o corpo mais fresco. Mas se o lugar é quente e úmido, a água não evapora e o suor acaba não refrescando.

(Marcelo Duarte. *O guia dos curiosos.* 3ª edição atualizada. São Paulo: Panda Books, 2005. p. 154.)

Corbis RM Stills/Getty Images

Com base no texto, crie orações subordinadas adverbiais que estabeleçam com a oração principal de cada item a relação indicada.

a) Suamos ao sentir calor (causal) ______

b) Suamos ao sentir calor (final) ______

c) Pequenas glândulas na pele produzem o suor (temporal)

______

d) A água do suor não evapora (condicional)

______

e) Pequenas glândulas na pele produzem o suor (conformativa)

______

f) O lugar é tão úmido e quente (consecutiva)

______

g) A água do suor evaporava (concessiva) ______

h) O corpo sua tanto em razão do calor (comparativa) ______

7. Leia esta tira:

Fernando Gonsales

(Fernando Gonsales. *Botando os bofes de fora.* São Paulo: Devir, 2002. p. 17.)

As duas legendas da tira formam um período composto por subordinação.

a) Qual é a oração principal desse período?

______

b) Desenvolva a oração "vendo televisão", que é reduzida de gerúndio. Depois conclua: Ela refere-se a toda a oração principal ou especificamente ao substantivo **gatinho**?

____

c) Considerando o valor semântico da oração "vendo televisão", como você a classifica?

____

d) E como você classifica a oração "depois que ele engoliu o controle remoto"?

____

8. Transforme em orações reduzidas (de infinitivo, de gerúndio ou de particípio) as orações destacadas nos períodos:

a) Dorme tão pesado que **dá gosto**! ______________________________

b) **Ainda que todos duvidassem**, manteve sua palavra.

____

c) **Depois que resolveram as questões da prova**, os alunos saíram tranquilos da sala.

____

AS ORAÇÕES ADVERBIAIS NA CONSTRUÇÃO DO TEXTO

Leia o anúncio abaixo:

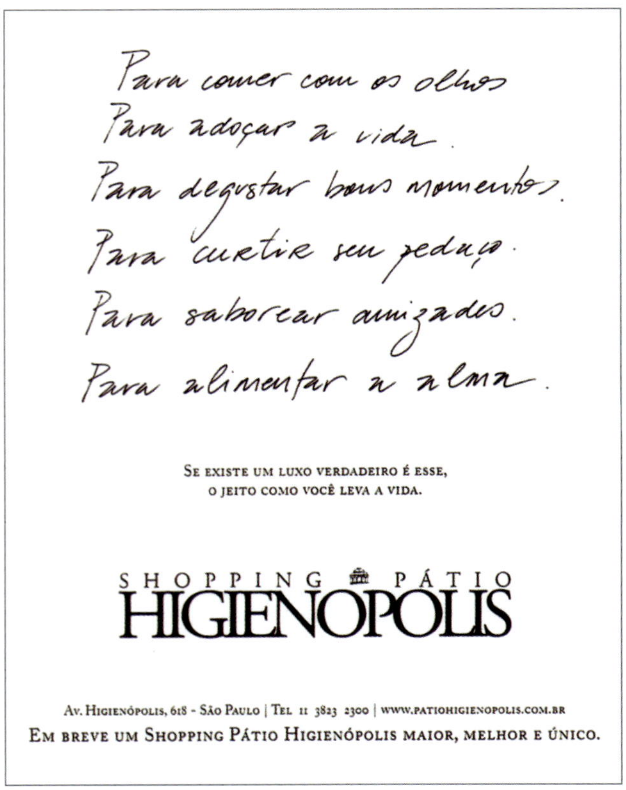

Gragnani

1. Quem é o anunciante? A que público ele se dirige?

____

____

____

2. O texto principal do anúncio segue uma construção paralelística, que se repete ao longo de todo o enunciado, representada pela palavra **para**.

a) Qual é a classificação morfológica da palavra **para** nesse contexto?

____

b) Qual é o seu valor semântico, isto é, seu sentido?

____

____

c) Qual é a função dessa palavra na construção do sentido do anúncio?

3. As construções do enunciado principal do anúncio equivalem a orações subordinadas adverbiais reduzidas de infinitivo, que se ligam a uma oração principal implícita.

a) Levante hipóteses: Qual pode ser a oração principal?

b) Classifique as orações subordinadas adverbiais.

c) As ações enumeradas por essas orações subordinadas remetem a situações:

- extremamente formais.
- típicas de relações profissionais.
- íntimas e afetivas.
- engraçadas.

4. Releia o texto da parte inferior do anúncio:

> "Se existe um luxo verdadeiro é esse, o jeito como você leva a vida"

a) Nesse período, há uma oração subordinada adverbial. Identifique-a e classifique-a.

b) Levando em conta que o *shopping* anunciado localiza-se em uma região nobre da cidade de São Paulo, levante hipóteses: Qual o sentido da oração subordinada apontada por você no item anterior?

5. A estrutura paralelística utilizada no anúncio é um recurso típico da linguagem literária, poética.

a) Que efeito de sentido esse recurso, juntamente com imagens como "saborear amizades" e "alimentar a alma", proporciona ao texto?

b) Fazendo uso da estrutura paralelística utilizada no anúncio, produza um pequeno poema. Para isso, crie uma oração principal, ou deixe-a subentendida, seguida de várias orações subordinadas introduzidas pela conjunção final **para**. Depois de pronto, leia seu texto para os colegas.

SEMÂNTICA E DISCURSO

Leia o anúncio a seguir e, depois, em grupo, respondam às questões 1 e 2.

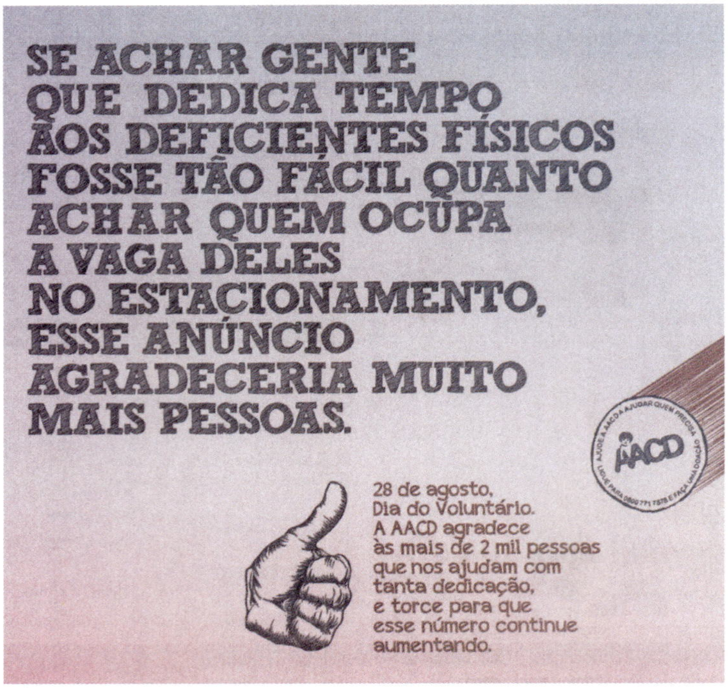

Fischer Friends

1. O anúncio foi publicado no dia 28 de agosto, Dia do Voluntário.

a) Qual é a finalidade principal dele?

b) Você acha que a crítica implícita no anúncio é procedente? Por quê?

2. Nos textos que circulam socialmente, é comum encontrarmos orações subordinadas substantivas, adjetivas e adverbiais.

a) Quantas orações há no enunciado principal do anúncio? ________

b) Qual é a oração principal?

c) Há orações adverbiais nesse enunciado? Se sim, qual ou quais? Classifique-a(s).

d) E orações adjetivas? Se sim, qual ou quais? Classifique-a(s).

e) E orações substantivas? Se sim, qual ou quais? Classifique-a(s).

PARA ESCREVER COM EXPRESSIVIDADE

Versificação (II)

Leia este poema, de Paulo Mendes Campos:

A uma bailarina

Quero escrever meu verso no momento
Em que o limite extremo da **ribalta**
Silencia teus pés, e um deus se exalta
Como se o corpo fosse um pensamento.

Além do palco, existe o pavimento
Que nunca imaginamos em voz alta,
Onde teu passo puro sobressalta
Os pássaros sutis do movimento.

Amo-te de um amor que tudo pede
No sensual momento em que se explica
O desejo infinito da tristeza,

Sem que jamais se explique ou desenrede,
Mariposa que pousa mas não fica,
A tentação alegre da pureza.

(*Poemas*. Rio de Janeiro: Civilização Brasileira, 1984. p. 92. © by Joan A. Mendes Campos.)

Edgar Degas. The Star, or Dancer on the stage, 1876-77

ribalta: parte dianteira do palco, onde ficam os refletores.

1. O eu lírico expressa o que sente pela mulher amada.

a) Quem é ela? Justifique sua resposta com elementos do texto.

b) De que modo ele a vê?

c) Como ele se sente em relação a ela? E ela em relação a ele?

2. Em relação à 1ª estrofe do poema:

a) Faça a escansão do 1º e do 2º versos e classifique-os quanto ao número de sílabas poéticas.

b) Dessas sílabas poéticas, quais são as acentuadas, isto é, as que são pronunciadas com maior intensidade?

Edgar Degas. The Star, or Dancer on the stage, 1876-77

3. Justifique por que esse poema é um soneto.

4. Observe as palavras finais dos versos da 1ª estrofe do poema. Elas apresentam alguma semelhança sonora a partir da sílaba tônica?

Além da métrica, os poemas contam ainda com outros recursos: a rima, o ritmo, a aliteração e a assonância.

Rima

A **rima** é um recurso musical baseado na semelhança sonora entre as palavras no final dos versos e, às vezes, no interior deles (rima interna). Observe as rimas nestes versos da 2ª estrofe do poema de Paulo Mendes Campos:

Além do palco, existe o pavimento	A
Que nunca imaginamos em voz alta,	B
Onde teu passo puro sobressalta	B
Os pássaros sutis do movimento.	A

Indicando com a letra **A** os sons terminados em **-ento** e com a letra **B** os sons terminados em **-alta**, obtemos o esquema ABBA.

Observe que o 1º verso rima com o 4º, e o 2º, com o 3º. Quando isso ocorre, temos rimas **interpoladas**. Quando o esquema de rimas é ABAB, temos rimas **cruzadas** ou **alternadas**; quando AABB, rimas **emparelhadas**.

Os versos que não apresentam rima entre si são chamados **versos brancos**. Veja um exemplo:

Bucólica

A moça, recostada à porteira, olhava os longes...
A vaquinha Cambraia mugia.
O cachorro Piloto ladrava.
O vento inventava verbos no infinitivo:
Partir... andar... correr... fugir... voar... voar!
A vaquinha mugia...
O cachorro ladrava...
O vento fazia cosquinhas nas **regiões poplíteas** da moça.

(Mário Quintana. *A cor do invisível.* Rio de Janeiro: Objetiva, 2012. p. 65.)

Andressa Honório

bucólica: natural, campestre, rural.
região poplítea: região da perna atrás dos joelhos.

Ritmo

O **ritmo**, no poema, é a marcação melódica que nasce da alternância entre sílabas acentuadas e não acentuadas, isto é, sílabas pronunciadas com maior ou menor intensidade.

Observe o ritmo nos versos ao lado, de Gonçalves Dias. As sílabas acentuadas (fortes) estão destacadas.

No **mei**o das **ta**bas de a**me**nos ver**do**res,
Cer**ca**das de **tron**cos — co**ber**tos de **flo**res,
Al**tei**am-se os **te**tos d'al**ti**va na**ção**;
São **mui**tos seus **fi**lhos, nos **â**nimos **for**tes
Te**mí**veis na **guer**ra, que em **den**sas co**or**tes
As**som**bram das **ma**tas a i**men**sa exten**são**.

(In: Antônio Cândido e Aderaldo Castelo. *Presença da literatura brasileira.* São Paulo: Difusão Europeia do Livro, 1971. v. 1, p. 327.)

O RITMO EM OUTRAS LINGUAGENS

O ritmo não é exclusividade da poesia. Ele também existe na música e nas artes visuais, desde que haja uma repetição regular de determinado elemento. Na foto ao lado, por exemplo, o ritmo é criado pela regularidade dos quadrados em preto e branco.

Oleg Belov/Shutterstock

Aliteração

É a repetição constante de um mesmo fonema consonantal. Observe no haicai ao lado como Paulo Leminski alitera os fonemas /p/ e /t/.

do espanto ao esperanto
através do ex-pranto
lá se vai meu por enquanto

(*La vie en close.* 2. ed. São Paulo: Brasiliense, 1991. p. 144.)

Assonância

É a repetição constante de um fonema vocálico. Observe no haicai ao lado, também de Paulo Leminski, a assonância dos fonemas vocálicos /a/, /ɛ/ (lê-se **é**) e /e/.

minha alma breve breve
o elemento mais leve
na tabela de mendeleiev

(Idem, p. 177.)

EXERCÍCIOS

1. Leia em voz alta, de modo bem expressivo, o seguinte poema, de Sérgio Capparelli.

Giralua

Gira lua
meia-noite
passa lua
meio-dia
lua louca
pela rua
meia lua
rua lua
passa rua
passam dias
meio lua
meia lua
Passa noite
ao meio-dia

(*111 poemas para crianças*. 9. ed. Porto Alegre: L&PM, 2008. p. 100.)

Weberson Santiago

a) Qual é a métrica dos versos do poema?

b) Em que sílabas incide a acentuação nesses versos?

c) Que efeito o ritmo proporciona ao poema?

d) Que relação há entre esse efeito e o conteúdo do poema?

Leia o poema a seguir, de Mário Quintana, e responda às questões de 2 a 5.

Ser e estar

A nuvem, a asa, o vento,
a árvore, a pedra, o morto...

tudo o que está em movimento,
tudo o que está absorto...

aparente é esse alento
de vela rumando um porto

como aparente é o jazimento
de quem na terra achou conforto...

pois tudo o que é está imerso
neste respirar do universo

– ora mais brando ora mais forte
porém sem pausa definida –

e curto é o prazo da vida...

e curto é o prazo da morte.

(*Apontamentos de história sobrenatural*. Rio de Janeiro: Objetiva, 2012. p. 116.)

2. Os versos do poema estão organizados em sete estrofes. Classifique-as de acordo com o número de versos que apresentam.

____

3. Como é o esquema de rimas do poema? Use letras para indicar os sons diferentes.

____

4. Todos os versos do poema têm o mesmo número de sílabas métricas.

a) Faça a escansão dos versos da 1ª estrofe.

____

____

b) Conte o número de sílabas poéticas desses versos e responda: Que nome recebe esse tipo de verso?

____

____

____

5. O título do poema é formado de dois verbos no infinitivo: **ser** e **estar**.

a) Identifique a estrofe em que esses dois verbos estão presentes e que resume o pensamento do poeta

b) Qual é a concepção do eu lírico a respeito da vida no universo?

6. Leia o poema, de Paulo Leminski:

Lápide I

epitáfio para o corpo

Aqui jaz um grande poeta.
Nada deixou escrito.
Este silêncio, acredito,
são suas obras completas.

(*La vie en close*. 1ª ed. São Paulo: Brasiliense, 1991. p. 82.)

a) Classifique o poema quanto ao número de versos que ele apresenta.

b) Usando letras, indique o esquema de rimas do poema.

c) Que tipo de rima o poeta empregou no poema?

7. Leia o poema, do poeta baiano Pedro Kilkerry:

Sobre um mar de rosas que arde

Sobre um mar de rosas que arde
Em ondas **fulvas**, distante,
Eram meus olhos, diamante,
Como as naus dentro da tarde.

Asas no azul, melodias,
E as horas são velas fluidas
Da nau em que, oh! Alma, descuidas
Das esperanças tardias.

(In: Italo Moriconi. *Os cem melhores poemas brasileiros do século.* Rio de Janeiro: Objetiva, 2001. p. 43.)

Paul Signac. The Green House, 1905/The bridgeman Art Library/ Keystone Brasil

fulvo: cor amarelada, amarelo-ouro, ocre

a) Faça a escansão de alguns versos e identifique o tipo de verso empregado no poema.

______

b) Usando letras, indique o esquema de rimas do poema. ______

c) Que tipo de rima o poeta empregou no poema? ______

DE OLHO NA ESCRITA

Palavras homônimas

Leia esta tira, de Fernando Gonsales:

Fernando Gonsales

(Disponível em: www2.uol.com.br/níquel. Acesso em: 26/5/2016.)

1. O humor da tira é criado a partir da duplicidade de sentidos da palavra **coroa**.

a) A que tipo de coroa o coelho está se referindo na sua pergunta ao leão?

______

b) O que motivou a atitude agressiva da leoa no 1º quadrinho?

______

c) Diante do gesto do leão, com qual sentido a leoa interpretou a palavra **coroa**?

______

2. Além desses dois sentidos, que outros sentidos a palavra **coroa** pode ter? Crie frases empregando essa palavra com outros sentidos.

Como a palavra **coroa**, usada na tira, há, na língua portuguesa, inúmeras outras palavras, de origem não popular, que apresentam a mesma pronúncia, às vezes a mesma grafia, mas significados diferentes. Essas palavras são chamadas **homônimas**. Veja outros exemplos.

Pedro é um rapaz **são**. (saudável)

Em junho, há muitas festas em homenagem a Santo Antônio, **São** João e **São** Pedro. (santo)

Elas **são** inteligentes e divertidas. (verbo **ser**)

Paulo é um amante da **caça** e da pesca. (ato de caçar, perseguir)

O Detran **cassa** a carteira de motorista de quem comete muitas infrações de trânsito. (anula)

Há, a seguir, uma relação de alguns homônimos para ser consultada quando for necessário.

acender — pôr fogo

ascender — subir

acento — sinal gráfico

assento — local onde se senta

caçar — perseguir animais

cassar — tornar sem efeito

cela — pequeno quarto

sela — arreio, forma do verbo **selar**

cerrar — fechar

serrar — cortar

censo — recenseamento

senso — juízo

coser — costurar

cozer — cozinhar

empoçar — formar poça

empossar — dar posse a

espectador — aquele que assiste a algo

expectador — aquele que espera alguma coisa

espiar — observar

expiar — pagar pena

incipiente — principiante

insipiente — ignorante

laço — laçada

lasso — cansado, frouxo

paço — palácio

passo — movimento dos pés para caminhar, passada

sessão — reunião, assembleia

seção (ou **secção**) — corte, divisão

cessão — ato de ceder; doação

EXERCÍCIOS

Leia o anúncio a seguir e responda às questões 1 e 2.

Unimed

(http://www.mppublicidade.com.br/image.php?url=trabalhos/original/565.jpg&type=img)

1. Na parte de baixo do anúncio, lemos este enunciado: "Você não parece tão preocupado com os pneus".

   a) Observe a imagem do anúncio. Como está o pneu?

   b) Logo, que sentido esse enunciado parece ter inicialmente?

2. No mesmo texto verbal, em letras menores, lemos: "Saia do sedentarismo".

   a) Quem é o anunciante e qual é a sua área de atuação?

   b) Levando em conta esse contexto, qual é o significado do termo **pneus**?

   c) Nesse caso, que sentido passa a ter o enunciado verbal como um todo?

3. Leia a tira:

(Fernando Gonsales. *Folha de S. Paulo*, 22/1/2009.)

Que palavra completa adequadamente o primeiro balão do 2º quadrinho: **cela** ou **sela**? Justifique sua resposta.

4. Algumas anedotas exploram o emprego de palavras homônimas para criar humor. Identifique, entre as anedotas a seguir, aquela(s) que faz(em) uso desse recurso e explique por quê.

a) Um candidato a juiz de direito, na prova, ao redigir uma sentença, escreveu o seguinte:
"Isto posto, paço a decidir..."
Passo com paço não passa! E não passou no exame.

b) — Chico, sua redação sobre o cachorro está exatamente igual à de seu irmão.
— Está certo, professora, pois o cachorro é o mesmo.

c) — O idioma francês é o mais interessante e útil — dizia uma garota.
— Qual nada! Acho que é o idioma inglês — dizia outra.
E uma outra garota:
— Mas o que vem a ser idioma?
— Idioma quer dizer língua.
— É?! Então fiquem sabendo que eu gosto muito é de idioma de vaca com cebolas e batatas.

(Anedotas extraídas de: Donaldo Buchweitz, org. *Piadas para você morrer de rir*. Belo Horizonte: Leitura, 2001.)

5. Os nomes de animais a seguir assumiram, com o tempo, um segundo significado, tornando-se homônimos. Descubra essa outra significação na 2ª coluna e numere a 1ª, fazendo as correlações adequadas. Consulte o dicionário, se necessário.

( ) foca	1. mulher de aparência e comportamento exagerados
( ) macaco	2. resultado inesperado, contrário aos prognósticos; azarão
( ) perua	3. prendedor de cabelos denteado, de plástico e molas fortes
( ) cobra	4. maquinismo, provido de manivela, para levantar grandes pesos
( ) piranha	5. jornalista novato
( ) zebra	6. pessoa má, traiçoeira
( ) anta	7. pessoa perita em seu ofício ou em sua arte
	8. pessoa pouco inteligente; tolo, tapado

Biry Sarkis

DIVIRTA-SE

OTO COME MOCOTÓ

O jovem Oto é um fã incondicional dos palíndromos. Aquelas palavras, expressões ou números que podem ser escritos e lidos da direita para a esquerda e em direção oposta da mesma forma.

Como o nome dele: Oto. Em seu aniversário, ele ganhou um relógio digital que marca horas, minutos e segundos no seguinte formato: HH:MM:SS (17:20:34, por exemplo). Desde então, Oto se diverte esperando que seu relógio marque um palíndromo completo.

Você é capaz de dizer por quanto tempo, em cada dia, isso acontece?

(Celso Miranda. *Superinteressante*, nº 183, p. 96.)

Janaka Dharmasena/Shutterstock

CAPÍTULO 6

PERÍODO COMPOSTO POR COORDENAÇÃO – AS ORAÇÕES COORDENADAS

CONSTRUINDO O CONCEITO

Leia o cartaz a seguir.

Prefeitura Municipal de Capitão Leônidas Marques/Pastoral da criança

Weberson Santiago

1. Observe a situação de produção do cartaz.

a) Quem é o locutor ou enunciador desse texto?

b) A quem ele se dirige?

c) Qual é a finalidade dele?

2. Que relação existe entre a imagem e o enunciado verbal destacados no cartaz?

3. Observe o período: "O tempo pode esfriar, mas seu coração não!"

a) Quantas orações há nesse período? Trata-se de um período simples ou composto?

b) Que verbo está elíptico no período?

c) Há, entre as orações, alguma conjunção que as liga? Se sim, qual?

d) Existe dependência sintática entre as orações do período, ou seja, uma oração desempenha determinada função (por exemplo, de sujeito, de objeto direto, etc.) em relação à outra oração?

e) Deduza:

- O período é composto por coordenação ou por subordinação?
- No contexto, o vocábulo **mas** tem qual valor semântico?

( ) adição ( ) explicação ( ) oposição ( ) conclusão

CONCEITUANDO

Ao responder às questões anteriores, você constatou que, no período "O tempo pode esfriar, mas seu coração não!" do cartaz lido, há duas orações.

Observe a construção do período:

O tempo pode esfriar,	**mas** seu coração não!
1ª oração	2ª oração

Cada uma das orações é independente, do ponto de vista sintático, isto é, cada uma tem seus próprios termos (sujeito, verbo, objeto, predicativo, etc.) e, por esse motivo, as duas orações são coordenadas entre si.

A segunda oração se liga à primeira por meio da conjunção **mas**; por esse motivo, ela é **sindética** (síndeto = conjunção). Já a primeira oração, como não apresenta conjunção, é chamada de oração coordenada **assindética**.

Prefeitura Municipal de Capitão Leônidas Marques/Pastoral da criança

Oração coordenada assindética é aquela que não é introduzida por conjunção.
Oração coordenada sindética é aquela que é introduzida por conjunção.

Classificação das orações coordenadas sindéticas

As orações coordenadas sindéticas classificam-se de acordo com o tipo de relação semântica que estabelecem com outra oração do mesmo período.

Aditivas

Estabelecem, em relação à oração anterior, uma ideia de acréscimo, adição:

Escrevi um poema e **mostrei-o para minha amiga**.

São introduzidas pelas conjunções coordenativas aditivas: **e**, **nem**, **que**, **não só**... **mas também**, etc.

Adversativas

Estabelecem, em relação à oração anterior, uma ideia de oposição, contraste, compensação, ressalva:

O médico lhe recomendou repouso, **mas ele continua trabalhando**.

São introduzidas pelas conjunções coordenativas adversativas: **mas**, **porém**, **todavia**, **contudo**, **no entanto**, **entretanto**, etc.

A CONJUNÇÃO *MAS* EM OPOSIÇÃO CONTEXTUAL

Observe, no 2º quadrinho da tira abaixo, que a ideia de oposição introduzida pela conjunção **mas** não se estabelece especificamente em relação a uma frase dita anteriormente. A oposição indicada por ela refere-se ao que a questão da prova solicita. Trata-se, assim, de uma oposição contextual.

Fernando Gonsales

(http://ramonlamar.blogspot.com/2011/10/enem-2011-biologia-e-quimica.html)

Alternativas

Expressam fatos ou conceitos que se excluem ou se alternam:

Quer esteja com sono, quer não esteja, você vai para a cama agora.

São introduzidas pelas conjunções coordenativas alternativas: **ou**, **ou**... **ou**, **ora**... **ora**, **já**... **já**, **quer**... **quer**, etc.

Conclusivas

Exprimem uma ideia de conclusão ou consequência lógica em relação a um fato expresso na oração anterior:

Estávamos bem agasalhados; **por isso não temíamos o frio**.

São introduzidas pelas conjunções coordenativas conclusivas: **logo**, **pois** (posposto ao verbo), **portanto**, **por isso**, **de modo que**, etc.

Explicativas

Explicam o motivo da declaração feita na oração anterior:

Dirija com calma, **porque há muita neblina em alguns trechos da estrada**.

São introduzidas pelas conjunções coordenativas explicativas: **porque**, **que**, **pois** (anteposto ao verbo), etc.

EXERCÍCIOS

Leia a tira a seguir e responda às questões 1 e 2.

(www.lpm-blog.com.br/?tag=hagar-ohorrivel)

1. No 1º quadrinho, o juiz enumera três ações de Hagar.

a) Quais são elas? ______

b) Para enumerar as ações de Hagar, o juiz utiliza três orações coordenadas. Identifique essas orações e classifique-as.

c) As ações de Hagar são lícitas, isto é, são permitidas por lei? ______

2. No 2º quadrinho, o juiz chega a uma conclusão surpreendente.

a) Qual era o veredicto esperado, tendo em vista as ações de Hagar mencionadas pelo juiz?

b) Interprete o 2º quadrinho e explique por que o juiz pergunta a Hagar se ele já havia pensado em fundar um banco.

3. Os dois períodos a seguir são compostos por subordinação. Como se classificam as orações destacadas?

Você forçou as pessoas **a abandonar seus lares**.
"Já pensou **em fundar um banco**?"

4. Leia as orações dos itens a seguir, observando o tipo de relação semântica existente entre elas. Depois reescreva-as, ligando-as por meio de uma conjunção coordenativa que dê coerência ao período.

a) Coma sempre verduras e frutas.

Elas contêm muitas vitaminas.

____

____

b) Provavelmente vai chover.

O céu está nublado.

____

____

c) Você lê jornais.

Você assiste ao noticiário na TV.

Não fique sem informações.

____

____

d) Não sei o motivo da discussão.

Não dou palpite.

____

Leia o anúncio a seguir e responda às questões 5 e 6.

5. O anúncio promove uma revista feminina e, como meio de persuasão, narra uma história divertida.

a) Qual é a frase que conclui o texto verbal?

____

____

____

____

b) Geralmente, que visão a respeito da relação entre as mulheres e o consumo circula na sociedade?

____

____

____

____

Fallon PMA/Foto: Zarella Neto

(28º *Anuário do Clube de Criação de São Paulo*, p. 208.)

c) A conclusão da história confirma ou nega essa visão?

d) Qual é o público-alvo do anúncio? Você acha que esse público gostou do anúncio? Por quê?

DW labs Incorporated/Shutterstock

6. Observe o enunciado principal do anúncio. Nele, há cinco períodos.

a) Quais deles são períodos simples?

b) Quais são os períodos compostos por coordenação?

c) Como se classificam as orações coordenadas desses períodos?

d) Qual é o único período composto por subordinação?

COORDENADA EXPLICATIVA OU SUBORDINADA ADVERBIAL CAUSAL?

Fazer a distinção entre uma oração coordenada explicativa e uma oração subordinada adverbial causal nem sempre é fácil, porque ambas podem ser introduzidas pelas conjunções **que** e **porque**. Em alguns casos, para resolver essa dificuldade, você deve fazer as seguintes observações:

- A oração coordenada sindética explicativa explica a razão da afirmação feita na oração anterior:

  Deve ter ventado muito ontem, porque há folhas e galhos secos na varanda da casa.

- A oração subordinada adverbial causal indica a causa do fato mencionado na oração principal:

  Ela não fez a lição porque ficou doente.

- A oração coordenada explicativa é frequentemente empregada depois de orações imperativas e optativas:

  Não brinque com fogo, que você pode se queimar.
  Deus o abençoe, porque você é generoso com o próximo!

AS ORAÇÕES COORDENADAS NA CONSTRUÇÃO DO TEXTO

Leia este anúncio:

Hortifruti

(www.mppublicidade.com.br/image.php?url=trabalhos/original/739.jpg&type=img)

1. O enunciado da parte superior do anúncio lista os "acompanhamentos de uma refeição em família".

a) Quais são, normalmente, os "acompanhamentos" do prato principal em uma refeição? Cite alguns exemplos.

____

____

b) Os acompanhamentos citados no anúncio coincidem com esses acompanhamentos tradicionais?

____

c) Ao responder ao item **a**, você certamente empregou substantivos. A que classe de palavras pertencem os acompanhamentos citados no anúncio?

______

d) Como se classificam sintaticamente as orações que compõem o primeiro período do anúncio?

______

2. No primeiro período do enunciado da parte superior, o anunciante poderia, se quisesse, ter empregado uma conjunção entre as formas **rir** e **questionar**.

a) Que conjunção seria? Como ela se classifica?

______

b) Compare o enunciado original, sem conjunção, com o formado ao empregar a conjunção que você apontou. Qual é a diferença de sentido entre as duas redações?

______

______

______

c) Qual dessas redações é mais adequada aos propósitos do anúncio? Por quê?

______

______

3. No texto da parte inferior do anúncio, há três orações coordenadas assindéticas que poderiam ser transformadas em orações coordenadas sindéticas se fossem ligadas por determinadas conjunções.

a) Complete o trecho com conjunções coordenativas adequadas, levando em conta o sentido do enunciado e as relações de sentido estabelecidas entre as orações:

Uma refeição à mesa com a família reunida, além de mais saudável, é um momento

único de convivência; ______, resgate esse momento,

______ partilhar é o melhor tempero para uma vida feliz.

b) Como se classificam, no trecho que você completou, as orações iniciadas por conjunções coordenativas?

______

c) Compare a construção utilizada no anúncio e a que resultou do uso de conjunções coordenativas. Qual delas é mais adequada à linguagem publicitária? Por quê?

______

______

4. O anúncio promove uma rede de supermercados que prioriza a comercialização de produtos naturais e tradicionalmente veicula em suas campanhas a ideia da alimentação saudável.

a) Essa linha de produtos combina com os hábitos de consumo da sociedade urbana moderna? Por quê?

b) Que relação existe entre o anúncio como um todo e os produtos vendidos por essa rede de supermercados?

5. A ilustração do anúncio mostra uma família reunida em torno de uma mesa, sobre a qual estão salada, temperos, sucos, pão.

a) Que sentimento as pessoas retratadas expressam?

b) Segundo o anúncio, como é esse momento retratado na imagem?

c) A técnica utilizada no desenho remete a uma época recente ou antiga? Considerando esse aspecto, qual trecho do texto verbal do anúncio pode ser diretamente relacionado ao desenho?

d) Qual relação é possível estabelecer entre o formato do recorte que emoldura a cena retratada no desenho e o sentido global do anúncio?

6. Como conclusão do estudo feito, assinale entre os itens que seguem aqueles que expressam afirmações verdadeiras a respeito do anúncio.

a) No período "Consolar, receber, ouvir, falar, aprender, ensinar, rir, questionar", construído com orações coordenadas assindéticas, os verbos podem ser lidos como itens de uma lista, o que reforça a ideia de uma enumeração de "acompanhamentos" de uma refeição em família.

b) A independência sintática e a ausência de conjunções no enunciado da parte inferior do anúncio tornam sua leitura mais dinâmica e fluente; as relações de sentido entre as orações são estabelecidas pelo leitor a partir do contexto.

c) O anúncio propõe um resgate de práticas antigas, como as refeições em família e o hábito da alimentação saudável, que, em geral, não são mais cultivadas pela sociedade atual, ideia que é reforçada por um desenho composto de traços que remetem a uma época passada.

d) A ausência de conjunções, devida ao uso excessivo de orações coordenadas assindéticas, procura sugerir o dinamismo da vida nas grandes cidades.

SEMÂNTICA E DISCURSO

Leia esta tira, de Adão:

(*Folha de S. Paulo*, 20/3/2012.)

1. Observe que, na lateral esquerda da tira, se lê: "Estilo é...".

a) Do ponto de vista da tira, o que é ser uma pessoa "estilosa"?

b) O que a tira ironiza ou critica?

2. Note que as legendas dos quadrinhos são constituídas por períodos simples, com exceção de uma.

a) Qual das legendas é constituída por um período composto?

b) Como se classificam as orações desse período?

3. O autor da tira optou por empregar ponto no final de cada legenda. No entanto, as legendas constituem orações que se somam e formam um conjunto.

a) Que outro sinal de pontuação poderia ter sido empregado, caso o autor tivesse optado por reunir todas as legendas em um período composto?

b) Nesse caso, como se classificariam as orações do período?

Leia o texto a seguir e responda às questões 4 e 5.

funkyfood London - Paul Williams/Alamy/Fotoarena

Açaí é bom, mas engorda

matéria Alimento roxo é sinal de saúde
Roxos de saúde
por Diogo Sponchiato | Design Thiago Lyra | Fotos Dercílio

Sabe aquele grupo de antocianinas que auxiliaria o corpo a expulsar as gordurinhas a mais? Ele também está presente no açaí, uma das frutas tipicamente brasileiras, riquíssima no pigmento. Mas, calma lá, você provavelmente já ouviu falar que açaí engorda. E é preciso botar isso em preto no branco.

Ele é calórico porque possui um elevado teor de lipídios, justifica o pesquisador Evaldo Silva, da Universidade Federal do Pará. O que se deve ressaltar, no entanto, é que a fruta contém ácidos graxos insaturados, gorduras de perfil semelhante às do azeite de oliva. Ou seja, para o coração, consumido sem exagero, é um coquetel maravilhoso de gordura benéfica com antocianina. Numa tigela você também garante fibras e proteínas. Mas, se o ponteiro da balança já incomoda, o melhor é escolher outros ingredientes cheios do pigmento.

(Diogo Sponchiato. Editora Abril.)

4. Observe o título do texto.

a) Que relação há entre as duas orações: "Açaí é bom, mas engorda"?

b) Do modo como está elaborado o título, qual característica do açaí se destaca mais: ser bom ou engordar?

5. Releia estes dois trechos do texto:

- "O que se deve ressaltar, **no entanto**, é que a fruta contém ácidos graxos insaturados, gorduras de perfil semelhante às do azeite de oliva. Ou seja, para o coração, consumido sem exagero, é um coquetel maravilhoso."
- "**Mas**, se o ponteiro da balança já incomoda, o melhor é escolher outros ingredientes cheios do pigmento."

a) Qual deles minimiza as características positivas do açaí?

b) Qual deles ressalta as características positivas do açaí?

c) A última frase do texto impõe uma condição para que o leitor se decida por consumir ou não o açaí. Identifique e classifique a oração que indica essa condição.

6. Leia os provérbios:

I. "Espere o melhor, prepare-se para o pior e receba o que vier."

II. "O cão não ladra por valentia e sim por medo."

III. "Diga-me com quem andas e eu te direi quem és."

IV. "O silêncio é de ouro e muitas vezes é resposta."

V. "Pouco se aprende nas vitórias, e muito, nas derrotas."

Biry Sarkis

a) Identifique aqueles em que a oração coordenada sindética estabelece com a anterior uma relação de adição.

b) Nos outros provérbios, que relação a oração coordenada sindética estabelece com a anterior?

Leia a tira a seguir, de Angeli, e responda às questões 7 e 8.

Angeli

7. No 1º quadrinho da tira, na fala do homem, é possível subentender uma oração anterior, não dita: "Estou cheirando a cigarro porque acabei de fumar!".

a) Levando em conta esse sentido e o contexto, como se classifica a oração subordinada "porque acabei de fumar"?

b) Complemente a fala da mulher com uma oração coordenada explicativa: O senhor está cheirando a cigarro, porque

8. No 2º quadrinho, o valor semântico da conjunção **mas**, nas falas das duas personagens, é de oposição. Entretanto, as orações às quais são feitas as oposições estão implícitas. Levante hipóteses: Qual é a oração que, de acordo com o contexto, antecede:

a) "Mas eu não estou fumando!"? ______

b) "Mas está cheirando!"? ______

PARA ESCREVER COM ADEQUAÇÃO

Pontuação das orações

Leia o texto:

Colecionadores mirins falam sobre filatelia e repórter do UOL vira estampa de selo

AS photo studio/Shutterstock

Desde que o computador e a internet entraram na vida das pessoas, o hábito de mandar cartas foi, aos poucos, sendo deixado de lado. Hoje, para falar com alguém que está do outro lado do mundo, é só abrir o e-mail, digitar o texto, apertar o botão de enviar e... pronto! Segundos depois a mensagem já vai estar disponível para ser lida pela outra pessoa. Simples e rápido. E muito bom, é claro, porque facilita a comunicação.

Mas e a carta, coitadinha? Pois é, não há como negar que ficou um pouco esquecida, mas o selo postal, um elemento bem importante quando se manda uma carta a alguém, continua firme e forte. Aquele pedaço pequeno de papel que o funcionário dos Correios cola no envelope antes dele seguir seu destino é, ainda, motivo de coleções enormes e com os mais variados temas.

[...]

(Disponível em: http://criancas.uol.com.br/novidades/2011/11/05/colecionadores-mirins-falam-sobre-filatelia-e-reporter-do-uol-vira-estampa-de-selo.jhtm. Acesso em: 16/6/2016.)

1. A primeira frase do texto constitui um período composto por subordinação.

a) Identifique e classifique a oração subordinada desse período.

____

____

b) Que posição a oração subordinada ocupa no período: ela vem antes ou depois da oração principal?

____

c) A oração subordinada está separada por vírgula da oração principal? ______________

2. Observe estes períodos do texto:

- "Hoje, para falar com alguém que está do outro lado do mundo, é só abrir o e-mail"
- "Segundos depois a mensagem já vai estar disponível para ser lida pela outra pessoa."

a) Identifique e classifique as orações adverbiais de cada período.

____

____

b) Quanto à posição das orações nos períodos, que diferença há entre a oração subordinada que está separada por vírgula da oração principal e a que não está?

____

____

3. Há, no texto, um trecho constituído por uma sequência de orações coordenadas assindéticas.

a) Identifique esse trecho.

____

b) Que sinal de pontuação foi utilizado para separar as orações coordenadas assindéticas?

____

Como você pôde observar, há orações que devem ser separadas de outra por vírgula e outras que não. Veja, a seguir, como empregar a vírgula entre orações.

Coordenadas

Emprega-se a vírgula para separar:

- as orações **coordenadas assindéticas**:

> Levantava cedo, tomava seu café, colocava uma roupa bem folgada, saía para caminhar.

- as orações **coordenadas sindéticas**, com exceção das introduzidas pela conjunção **e**:

> O exercício é difícil, mas não desanime.

OBSERVAÇÃO

As orações **coordenadas sindéticas** unidas pela conjunção **e** podem vir separadas por vírgulas:

- quando têm sujeitos diferentes: "As crianças calaram-se, **e** o menino gritou".
- quando a conjunção vem reiterada: "Os jovens estão felizes, **e** jogam, **e** nadam, **e** conversam, **e** riem, **e** brincam".

Subordinadas substantivas

Somente as orações **subordinadas substantivas apositivas** podem ser separadas por vírgula (ou dois-pontos) da oração principal; as demais substantivas não.

> Só lhe pedimos um favor, **que não nos visitasse mais**, pois estávamos magoados com ela.

Subordinadas adjetivas

Somente as orações **subordinadas adjetivas explicativas** devem ser separadas por vírgula da oração principal; as **restritivas** não.

> Curitiba, **que é a capital do Paraná**, apresenta boas soluções para o problema do transporte urbano.

Subordinadas adverbiais

- Quando vêm após a oração principal, a vírgula é optativa:

or. principal — or. subord. adverbial temporal

Os torcedores começaram a algazarra , assim que os jogadores entraram em campo.

vírgula optativa

- Quando vêm antepostas ou intercaladas à oração principal, o uso de vírgulas é obrigatório:

or. subord. adverbial temporal — or. principal

Assim que os jogadores entraram em campo , os torcedores começaram a algazarra.

vírgula obrigatória

or. principal

or. subord. adverbial temporal

Os torcedores , assim que os jogadores entraram em campo , começaram a algazarra.

vírgula obrigátoria — vírgula obrigatória

- Quando são reduzidas de gerúndio, particípio e infinitivo, a vírgula é obrigatória:

or. subord. adverbial condicional reduzida de gerúndio — or. principal

Pensando desse jeito , jamais conseguiria o apoio de seus colegas de equipe.

vírgula obrigatória

EXERCÍCIOS

1. Leia a tira abaixo. Depois, justifique o emprego da vírgula, após a palavra **incomodando**, no 1º quadrinho.

(Fernando Gonsales. *Botando os bofes de fora.* São Paulo: Devir, 2002. p. 12.)

2. Algumas vírgulas foram propositalmente eliminadas no texto a seguir. Leia-o e depois empregue a vírgula para separar orações onde houver necessidade.

Hoje é Dia do Gari

Folhapress

[...] A palavra gari é uma homenagem ao empresário francês Aleixo Gary que se destacou na história da limpeza da cidade do Rio de Janeiro. Em 11 de outubro de 1876, ele assinou um contrato com o Ministério Imperial para organizar o serviço de limpeza da cidade que incluía a retirada de lixo de casas e praias e o transporte para a Ilha de Sapucaia, atual bairro Caju. Seu contrato venceu em 1891 e seu primo Luciano Gari o substituiu. A empresa acabou em 1892 e foi criada a Superintendência de Limpeza Pública e Particular da Cidade cujos serviços não eram bons. No ano de 1906, o órgão tinha somente 1.084 animais de carga para trabalharem na coleta das 560 toneladas de lixo. A partir dessa data, teve início a coleta de lixo com equipamentos mecânicos. [...]

(Disponível em: http://guiadoscuriosos.com.br/categorias/5425/1/a-origem-do-dia-do-gari-16-05.html. Acesso em: 16/6/2016.)

3. Leia, a seguir, um trecho de uma crônica de Martha Medeiros. Nele, foram suprimidos todos os sinais de pontuação, exceto o ponto. Buscando o sentido global do texto, troque ideias com os colegas e empregue onde for conveniente estes sinais de pontuação: vírgula, ponto de interrogação, dois-pontos e travessão.

Maternidade ou não

Semana passada me telefonaram de um jornal para pedir um depoimento sobre mulheres que decidiram não ter filhos. Queriam um testemunho curto e rápido. Sobre um tema tão intenso Fui curta e rápida mas agora vou me estender.

Tenho duas filhas planejadas e amadas que nunca me provocaram um segundo sequer de arrependimento. Mas nunca fui obcecada pela maternidade. Acredito que qualquer mulher pode ser feliz sem ser mãe. Existem diversas outras vias para distribuirmos nosso afeto diversos outros interesses que preenchem a vida amigos trabalho paixões viagens literatura música até solidão se me permitem a heresia. Conheço mulheres que se sentem íntegras e felizes sem ter tido filhos e mulheres rabugentas que tiveram não sei por que já que só reclamam. Há de tudo nesta vida.

Studio 1One/Shutterstock

[...]

(*Liberdade crônica*. 9. ed. Porto Alegre: L&PM, 2015. p. 27.)

4. Leia o texto a seguir. Depois empregue adequadamente a vírgula para separar as orações coordenadas.

> Luciana teve um deslumbramento o coraçãozinho saltou uma alegria doida encheu-a. Sentiu-se feliz e necessitou desabafar com alguém. Esquecendo-se de que naquele momento era D. Henriqueta da Boa-Vista, cruzou a sala em passo natural [...] desembestou no corredor e exibiu-se para Maria Júlia. Espalhou as revistas e as bonecas pôs-se a dançar em cima delas. Como a outra caísse no choro, afligiu-se: consolou-a achou-a miúda tão miúda que não servia para confidente. [...]
>
> (Graciliano Ramos. *Insônia*. 8. ed. São Paulo: Martins, 1970. p. 79.)

DE OLHO NA ESCRITA

Siglas e abreviaturas

1. Leia o texto ao lado e observe que, nele, foram empregadas quatro siglas: CPF, RG, CEP e SP. **Sigla** é um tipo especial de abreviatura, formada pelas letras iniciais de uma locução substantiva ou nome composto. Escreva por extenso os nomes a que correspondem as siglas:

CPF

____

RG

____

CEP

____

SP

____

> ***Como reclamar ao Procon***
>
> **1.** Vá até uma das unidades pessoalmente, pois muitos casos podem ser resolvidos na hora. Leve documentos pessoais (CPF e RG) e outro que comprove a queixa, como cupons fiscais, pedidos, anúncios publicitários ou o próprio produto. No caso de serviços, informe o nome da empresa prestadora e seu endereço para que o Procon possa entrar em contato.
>
> **2.** Reclamações por carta devem ser encaminhadas para a caixa postal 3050, CEP 01061-190, São Paulo, SP. Nunca envie documentos originais, mande somente cópias.
>
> [...]
>
> (*Revista da Folha*, nº 792.)

2. Você conhece este logotipo?

a) O que a sigla **ONU** significa?

____

b) Troque ideias com os colegas: Qual é o objetivo da entidade que tem esse logotipo?

____

____

____

3. Todos os anos, os moradores recebem da prefeitura o carnê de **IPTU**. O que significa a sigla IPTU?

____

As siglas e as abreviaturas servem para simplificar a comunicação oral e escrita. Mas elas não são criadas aleatoriamente, pois há regras a serem seguidas no processo de abreviação e existem também abreviaturas e siglas fixadas pelo sistema ortográfico da língua.

As siglas podem ser:

- compostas pelas iniciais maiúsculas dos elementos que formam o nome:

  BNH — **B**anco **N**acional da **H**abitação

- compostas pelas sílabas iniciais de cada um dos elementos que formam o nome:

  Embratel — **Em**presa **Bra**sileira de **Tel**ecomunicações

Há, a seguir, uma relação das siglas mais comuns:

CBF — Confederação Brasileira de Futebol
CGT — Central Geral dos Trabalhadores
CLT — Consolidação das Leis do Trabalho
CUT — Central Única dos Trabalhadores
FAB — Força Aérea Brasileira
FGTS — fundo de garantia do tempo de serviço
FMI — Fundo Monetário Internacional
Funai — Fundação Nacional do Índio
IBGE — Instituto Brasileiro de Geografia e Estatística
ICM — imposto sobre circulação de mercadorias
MEC — Ministério da Educação e Cultura
OAB — Ordem dos Advogados do Brasil
ONU — Organização das Nações Unidas
PIB — produto interno bruto
PIS — Programa de Integração Social
UTI — unidade de terapia intensiva

SIGLAS DOS ESTADOS BRASILEIROS

AC — Acre
AL — Alagoas
AM — Amazonas
AP — Amapá
BA — Bahia
CE — Ceará
ES — Espírito Santo
GO — Goiás
MA — Maranhão
MG — Minas Gerais
MS — Mato Grosso do Sul
MT — Mato Grosso
PA — Pará
PB — Paraíba
PE — Pernambuco
PI — Piauí
PR — Paraná
RJ — Rio de Janeiro
RN — Rio Grande do Norte
RO — Rondônia
RR — Roraima
RS — Rio Grande do Sul
SC — Santa Catarina
SE — Sergipe
SP — São Paulo
TO — Tocantins

As abreviaturas obedecem às seguintes normas para sua constituição:

- geralmente terminam com ponto: **av.** (avenida) **ago.** (agosto)
- há variantes: **ap.** ou **apart.**

Marcos André/Opção Brasil Imagens

- conservam a acentuação da palavra original:

  p. ou **pág.** (página)

- o plural pode ser indicado pelo acréscimo de **s** ou pelo uso de consoantes dobradas:

  As. ou **AA.** (autores)

- os símbolos científicos são abreviados sem ponto:

  O (oxigênio) **g** (grama)

Há, a seguir, uma relação das abreviaturas mais comuns:

A/C — ao cuidado
a.C. — antes de Cristo
ago. — agosto
ap. ou **apart.** — apartamento
av. — avenida
bibl. — bibliografia, bibliográfico ou biblioteca
cap., **caps.** — capítulo, capítulos
c/c — conta-corrente
cent. — centavo
cf. ou **cfr.** — confira, confronte, compare
cit. — citação, citado(s), citada(s)
cód. — código
créd. — crédito
D. — Dom, Dona
d.C. — depois de Cristo
DD. — Digníssimo
Dr., **Drª** — Doutor, Doutora
dz. — dúzia(s)
E.D. — espera deferimento
e.g. — *exempli gratia* (por exemplo)
etc. — *et coetera* (e outros)
ex. — exemplo(s)
Exª — Excelência
fev. — fevereiro
gen. — general
h — hora(s)
hab. — habitante
ib. ou **ibid.** — *ibidem* (no mesmo lugar)
id. — *idem* (a mesma coisa)
i.e. — isto é
jan. — janeiro
jul. — julho
jun. — junho
ltda. — limitada
min — minuto(s)
MM. — Meritíssimo
nº — número
nac. — nacional
nov. — novembro
N. da E. — Nota da Editora
N. do T. — Nota do Tradutor
obs. — observação, observações
op. cit. — *opus citatum* (obra citada)
p. ou **pág.**, **pp.** ou **págs.** — página, páginas
pal. — palavra(s)
P.D. — pede deferimento
p. ex. — por exemplo
P.F. — por favor
pg. — pago
pl. — plural
p.p. — por procuração; próximo passado
P.S. — *post scriptum* (pós-escrito)
rem.^{te} — remetente
s.d. — sem data
séc. — século
Sr., **Srª** — Senhor, Senhora
TV — televisão
V. — você
V.Sª — Vossa Senhoria
W.C. — *water-closet* (banheiro)

EXERCÍCIOS

Leia o anúncio a seguir e responda às questões de 1 a 3.

(http://sotitulos.wordpress.com/2010/11/28/harley-davidson-2/)

1. A palavra **VIP**, empregada no anúncio, é uma sigla. Procure-a no dicionário e responda:

   a) De que expressão ela se origina?

   b) Qual é o seu significado na língua portuguesa?

2. Também são empregadas no anúncio as palavras de origem latina ***platinum*** e ***premium***.

   a) O que são um "cartão Platinum" e um "cliente Premium"?

   b) Juntamente com a sigla **VIP**, o que esses adjetivos conferem ao perfil do interlocutor?

3. O anúncio publicitário é um gênero que normalmente promove a marca de um produto ou o nome de uma empresa.

Harley-Davidson

a) Qual é a finalidade principal desse anúncio?

b) Qual é o perfil do público-alvo? Como você chegou a essa conclusão?

c) De que modo o uso da sigla **VIP** constitui um forte argumento para a compra do produto anunciado?

4. Você provavelmente já teve de preencher fichas de cadastro em *sites* da Internet, nas quais é comum o emprego de siglas. Observe esta ficha:

DADOS DA PESSOA FÍSICA/JURÍDICA

Tipo do Fornecedor: * PF PJ

Razão Social: *

Nome Fantasia:

CPF/CNPJ: *

Representante:

Endereço: *

Bairro: * Internacional

Cidade: * RN

CEP:

E-mail:

Fone:

NIT ou PIS/PASEP:

Cadastrar Cancelar

* Campos de preenchimento obrigatório.

Fechar X

a) O que significam as siglas **PF** e **PJ**? Ao preencher a ficha, você assinalaria qual dos itens?

b) O que as siglas **CPF** e **CNPJ** representam? Ao preencher a ficha, você escreveria o número correspondente a qual delas?

c) Na parte destinada ao endereço do interessado, consta a sigla **RN**. O que ela significa? Qual é a sigla equivalente ao lugar em que você mora?

d) O que a sigla **CEP** significa? O que você escreveria nesse item?

e) O que as siglas **PIS** e **PASEP** significam?

5. Leia este texto:

Deputados ridicularizados por programa de humor

Deputados federais foram desafiados a responder quais eram os países emergentes que compunham o bloco BRIC (Brasil, Rússia, Índia e China). Os entrevistados ficaram embaraçados e demonstraram total desconhecimento sobre política internacional. Um deles ainda tentou fugir do assunto e disse que estava preocupado com outras questões. Já outro chegou a chutar que o "C" da sigla seria de Colômbia. O quadro foi um dos mais engraçados da noite.

(Adaptado de: www.bahianoticias.com.br/2011/imprime.php?tabela=principal_noticias&cod=42679)

Dê sua opinião: Os deputados federais tinham a obrigação de saber o significado da sigla BRIC? Por quê?

6. Indique a que se referem as siglas:

a) FAE

b) Ibope

c) Ibama

7. Nos dias de hoje, as abreviaturas são bastante empregadas em *e-mails* trocados entre pessoas íntimas e nas redes sociais da Internet. Embora essas abreviaturas não sejam "oficiais", a maioria dos internautas as conhece e as usa. Em grupo, troque ideias com os colegas e façam uma lista das abreviaturas normalmente usadas entre internautas.

DIVIRTA-SE

Lidando com vários conceitos de língua portuguesa, o texto a seguir circulou na Internet com a finalidade de divertir os leitores. Divirta-se você também!

1. Deve evitar ao máx. a utiliz. de abrev., etc.
2. É desnecessário fazer-se empregar de um estilo de escrita demasiadamente rebuscado. Tal prática advém de esmero excessivo que raia o exibicionismo narcisístico.
3. Anule aliterações altamente abusivas.
4. não esqueça as maiúsculas no início das frases.
5. Evite lugares-comuns como o diabo foge da cruz.
6. O uso de parênteses (mesmo quando for relevante) é desnecessário.
7. Estrangeirismos estão *out*; palavras de origem portuguesa estão *in*.
8. Evite o emprego de gíria, mesmo que pareça *nice*, sacou??...então valeu!
[...]
10. Nunca generalize: generalizar é um erro em todas as situações.
11. Evite repetir a mesma palavra, pois essa palavra vai ficar uma palavra repetitiva. A repetição da palavra vai fazer com que a palavra repetida desqualifique o texto onde a palavra se encontra repetida.
12. Não abuse das citações. Como costuma dizer um amigo meu: "Quem cita os outros não tem ideias próprias".
13. Frases incompletas podem causar
14. Não seja redundante, não é preciso dizer a mesma coisa de formas diferentes; isto é, basta mencionar cada argumento uma só vez, ou, por outras palavras, não repita a mesma ideia várias vezes.
15. Seja mais ou menos específico.
16. Frases com apenas uma palavra? Jamais!
17. A voz passiva deve ser evitada.
18. Utilize a pontuação corretamente o ponto e a vírgula pois a frase poderá ficar sem sentido especialmente será que ninguém mais sabe utilizar o ponto de interrogação
19. Quem precisa de perguntas retóricas?
20. Conforme recomenda a AGOP, nunca use siglas desconhecidas.
21. Exagerar é cem milhões de vezes pior do que a moderação.
22. Evite mesóclises. Repita comigo: "mesóclises: evitá-las-ei!"
23. Analogias na escrita são tão úteis quanto chifres numa galinha.
24. Não abuse das exclamações! Nunca!!! O seu texto fica horrível!!!!!
25. Evite frases exageradamente longas, pois elas dificultam a compreensão da ideia nelas contida e, por conterem mais que uma ideia central, o que nem sempre torna o seu conteúdo acessível, forçam, dessa forma, o pobre leitor a separá-la nos seus diversos componentes de forma a torná-las compreensíveis, o que não deveria ser, afinal de contas, parte do processo da leitura, hábito que devemos estimular através do uso de frases mais curtas.
26. Cuidado com a hortografia, para não estrupar a língua portuguêza.
27. Seja incisivo e coerente, ou não.
[...]

(Wagner Luiz Marques. *Coletânea de histórias*. Disponível em: http://wagner.marques.zip.net.)

Biry Sarkis

CAPÍTULO 7

ESTRUTURA E FORMAÇÃO DE PALAVRAS

CONSTRUINDO O CONCEITO

Leia este anúncio:

Clube On line

(http://ccsp.com.br/novo/pop_pecas.php?id=26734)

1. Um anúncio publicitário geralmente promove um produto, uma marca, uma empresa ou uma ideia. Em relação ao anúncio lido, quem é o anunciante? O que ele promove?

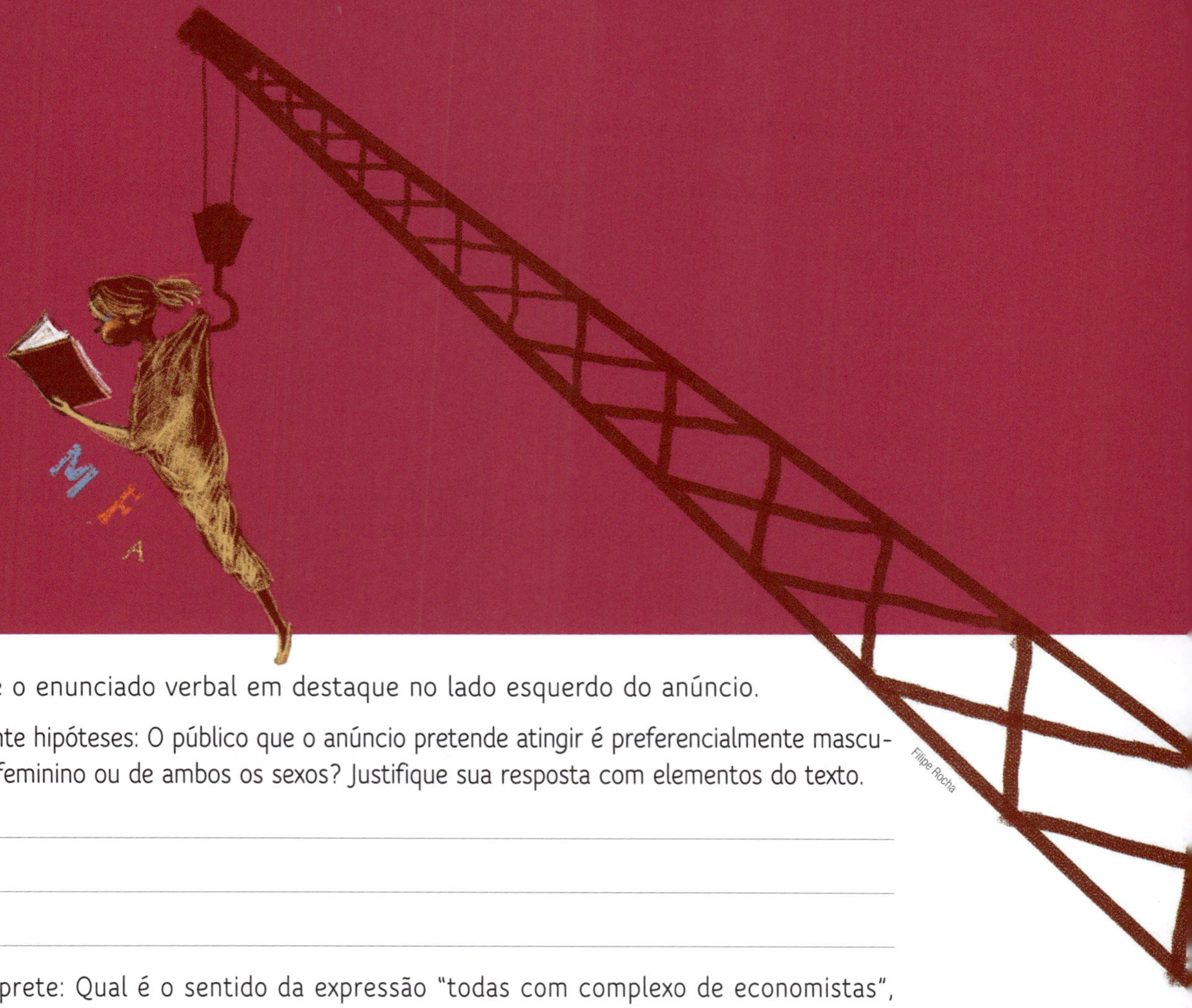

Filipe Rocha

2. Observe o enunciado verbal em destaque no lado esquerdo do anúncio.

a) Levante hipóteses: O público que o anúncio pretende atingir é preferencialmente masculino, feminino ou de ambos os sexos? Justifique sua resposta com elementos do texto.

b) Interprete: Qual é o sentido da expressão "todas com complexo de economistas", no contexto?

3. No enunciado "Liquidação Eu Quero Tudo", o verbo **querer** foi empregado no nome da liquidação. Observe, ao lado, a conjugação desse verbo no presente do indicativo.

(eu) quero	(nós) queremos
(tu) queres	(vós) quereis
(ele) quer	(eles) querem

Clube On line

a) Identifique a parte do verbo que se repete em todas as pessoas e que informa seu sentido.

b) Indique o que foi acrescentado a essa parte do verbo em cada uma das pessoas verbais:

- na 1ª pessoa do singular ______
- na 2ª pessoa do singular ______
- na 3ª pessoa do singular ______
- na 1ª pessoa do plural ______
- na 2ª pessoa do plural ______
- na 3ª pessoa do plural ______

c) Nos acréscimos feitos à parte do verbo que se repete, em quais pessoas aparece também o **e** que indica a conjugação à qual o verbo **querer** pertence?

4. No texto principal do anúncio, lê-se:

"Presentes para fashionistas, consumistas, todas com complexo de economistas."

a) De que palavra se origina:

- fashionista? ______________________
- consumista? ______________________
- economista? ______________________

b) Uma das palavras que você escreveu ao responder ao item **a** é um neologismo, isto é, uma palavra nova, criado a partir de uma palavra estrangeira. Qual é essa palavra e qual é o seu significado?

____

c) As palavras **fashionista**, **consumista** e **economista** têm uma parte que informa seu significado e outra parte que é comum às três. Complete o quadro:

Parte que contém o significado	Parte em comum

d) Com base em suas respostas nos itens anteriores, conclua: Que significado é atribuído às palavras pela parte que é comum a elas?

____

____

5. Além da palavra ***fashion***, que provém do inglês, há no anúncio uma expressão também proveniente dessa língua.

a) Qual é essa expressão? ______________________

b) Levante hipóteses: Por que o anúncio utiliza expressões da língua inglesa?

____

____

____

____

____

____

____

____

PhotoEdit/Alamy/Other Images

CONCEITUANDO

Ao responder às questões anteriores, você pôde observar que:

- baseando-nos em palavras já existentes na língua, podemos formar palavras novas;
- podemos criar palavras a partir de outra, usando, para isso, a parte que informa o significado das palavras;
- as palavras são formadas por partículas portadoras de sentido.

As partículas portadoras de sentido chamam-se **morfemas** e constituem a **estrutura** das palavras. A partir dos morfemas, podemos formar outras palavras.

Assim:

> Conhecer os morfemas é o mesmo que estudar a **estrutura das palavras**. Quando estudamos o modo como os morfemas se organizam e formam palavras, passamos a conhecer os **processos de formação das palavras**.

Saber como as palavras se formam possibilita compreender melhor seus sentidos e as consequências das escolhas feitas nesse processo.

Estrutura das palavras

Em nossa língua, os morfemas que contribuem para formar palavras são os seguintes:

Radical

Informa o significado básico da palavra:

filh-inh-o **mund**-o

A partir de um radical podemos formar várias palavras:

filho	**filh**inho	**filh**ote	**fil**ial
mundo	**mund**ano	**mund**aréu	**mund**ial

O radical pode sofrer pequenas variações, como a que ocorre a mudança de **filh** para **fil**.

O conjunto de palavras formadas a partir do mesmo radical denomina-se **família de palavras** ou **palavras cognatas**.

Afixos

São morfemas que se agregam ao radical modificando seu sentido básico. Podem ser derivacionais e gramaticais.

Os afixos derivacionais formam palavras novas. Quando colocados antes do radical, chamam-se **prefixos**; quando colocados depois do radical, chamam-se **sufixos**. Veja:

im	produt	**ivo**
prefixo (negação)	radical	sufixo (estado)

Os afixos gramaticais, também chamados **desinências**, são sempre colocados depois dos radicais. São de dois tipos:

- **desinências nominais**: informam o **gênero** e o **número** dos nomes:

filh	**a**	s
	gênero (feminino)	número (plural)

- **desinências verbais**: informam o **modo**, o **tempo**, o **número** e a **pessoa** dos verbos:

passá	**sse**	**mos**
	modo e tempo (imperfeito do subjuntivo)	pessoa e número (1ª pessoa do plural)

Vogal temática

É a vogal que, nos verbos, une o radical às desinências e indica a conjugação a que eles pertencem. São vogais temáticas:

- **-a**, que indica a 1ª conjugação: fabric **a** mos
- **-e**, que indica a 2ª conjugação: cresc **e** ndo
- **-i**, que indica a 3ª conjugação: produz **i** r

OBSERVAÇÃO

O verbo **pôr** e seus compostos pertencem à 2ª conjugação. É por essa razão que na forma verbal **pusemos**, por exemplo, a vogal temática é **e**.

Tema

É a parte constituída pelo radical e pela vogal temática:

tema			tema			tema		
pass	**a**	mos	**com**	**e**	ndo	**part**	**i**	ndo
radical	vogal temática		radical	vogal temática		radical	vogal temática	

EXERCÍCIOS

Leia a tira a seguir e responda às questões de 1 a 5.

(Pedro Hutsch Baldoni. *João e Joanas – Primeiras impressões.* Meu Bolso, 2012. p. 25.)

1. A tira retrata uma conversa entre duas joaninhas.

a) Que tema discutem? ______

b) Qual é a crítica implícita na fala da joaninha, quando se refere ao "esquecimento global"?

______

2. O humor da tira concentra-se no último quadrinho. Explicite de que modo foi pensada a construção do humor na tira.

______

3. Identifique o radical das seguintes palavras do texto:

a) devêssemos ______

b) esquecimento ______

c) global ______

d) gente ______

e) desnecessárias ______

f) indústria ______

g) alimenta ______

4. Forme famílias de palavras a partir dos radicais que você identificou nas palavras do exercício anterior.

a) ______

b) ______

c) ______

d) ______

e) ______

f) ______

g) ______

5. Reconheça os afixos destas palavras da tira:

aquecimento global desnecessário

Pedro Hutsch Baldoni

______

______

6. Indique e nomeie o radical, a vogal temática e as desinências da forma verbal **devêssemos**.

______

______

7. Leia as manchetes a seguir e indique o que as desinências e a vogal temática destacadas em negrito nos nomes e nos verbos informam. Veja o exemplo:

impressionad **a s**: desinências nominais de gênero e número

a) **Trabalharemos para acabar com terrorismo, diz Obama.**

(Disponível em: http://mancheteatual.com.br/trabalharemos-para-acabar-com-terrorismo-diz-obama. Acesso em: 28/5/2016.)

trabalha **re mos**: ____________________

b) **ONU diz que partidos rivais da Líbia concordaram com governo de união nacional**

(Disponível em: http://www.mancheteonline.com.br/onu-diz-que-partidos-rivais-da-libia-concordaram-com-governo-de-uniao-nacional/. Acesso em: 28/5/2016.)

concord **a ra m**: ____________________

c) **Menina fica pendurada em janela de escola**

(Disponível em: http://www.mancheteonline.com.br/menina-fica-pendurada-em-janela-de-escola/. Acesso em: 28/5/2016.)

menin **a**: ____________________

8. Entre os itens a seguir, assinale aquele em que o elemento mórfico destacado está analisado incorretamente.

a) **in** justiça – prefixo

b) am **o** – desinência nominal de gênero

c) espert **eza** – sufixo

d) pens **o** – desinência indicativa de 1ª pessoa do singular do presente do indicativo

e) esquec **e** mos – vogal temática

Formação das palavras

No anúncio do início deste capítulo, vimos que foi empregada uma palavra nova – **fashionistas**.

Como fez o anunciante, os falantes da língua podem criar palavras sempre que houver necessidade de nomes para designar novas ideias ou novos objetos.

Para criar uma palavra, podemos utilizar como base elementos já existentes na língua, adotar um termo de origem estrangeira ou alterar o significado de uma palavra já existente. As palavras assim criadas recebem o nome de **neologismos**.

Há, na língua portuguesa, muitos processos de formação de palavras. Os mais comuns são: **derivação** e **composição**.

Derivação

O processo de **derivação** consiste em formar uma palavra, chamada **derivada**, a partir de outra, chamada **primitiva**.

A derivação pode ser de seis tipos:

Derivação prefixal

Ocorre quando há acréscimo de um prefixo a um radical:

incapaz	→	in prefixo	+	capaz radical

Derivação sufixal

Ocorre quando há acréscimo de um sufixo a um radical:

espaçoso	→	espaç radical	+	oso sufixo

Derivação parassintética

Ocorre quando há acréscimo simultâneo, isto é, ao mesmo tempo, de um prefixo e de um sufixo a um radical:

empalidecer	→	em prefixo	+	palid radical	+	ecer sufixo

Derivação prefixal e sufixal

Ocorre quando há acréscimo não simultâneo de um prefixo e de um sufixo a um radical:

infelizmente	→	in prefixo	+	feliz radical	+	mente sufixo

A palavra *enceradeira*, usada na tira, é formada por derivação prefixal e sufixal (em + cerado + eira), enquanto *antifurto* é formada por derivação prefixal.

(Glauco. *Folha de S. Paulo*, 28/2/2007.)

OBSERVAÇÃO

Para verificar se a derivação é **parassintética** ou **prefixal e sufixal**, elimine o sufixo ou o prefixo e veja se a forma que sobra constitui uma palavra existente na língua. Assim:

(em)palidecer — "palidecer" → forma inexistente
empalid(ecer) — "empálido" → forma inexistente

Concluímos, então, que ao radical **palid** houve acréscimo simultâneo de prefixo e sufixo.

Veja agora:

(in)felizmente — felizmente → forma existente
infeliz(mente) — infeliz → forma existente

Concluímos, então, que ao radical **feliz** houve acréscimo não simultâneo de prefixo e de sufixo.

Derivação regressiva

Ocorre quando há eliminação de morfemas (desinências, sufixos, etc.) no final da palavra:

criticar → crítica   chorar → choro

Derivação imprópria

Ocorre quando há mudança no sentido e na classe gramatical da palavra:

Atualmente tornou-se comum a transmissão por **satélite**.
substantivo

Morava numa das cidades-**satélite** de Brasília.
adjetivo

PROCURE O *SITE* NA *WEB* E FAÇA UM *DOWNLOAD* DO ARQUIVO!

O enriquecimento vocabular da língua se dá ainda por processos como o **empréstimo** e a **gíria**.

Empréstimo é a incorporação de palavras ou expressões estrangeiras ao vocabulário da língua. Algumas se aportuguesam, como, por exemplo, **restaurante** (do francês *restaurant*), **drible** (do inglês *dribbling*); outras mantêm sua grafia original, como ***office-boy***. Essas palavras, aportuguesadas ou não, são denominadas **estrangeirismos**.

Gíria é a linguagem informal criada e usada por determinados grupos sociais para se diferenciar de outros. Eis algumas expressões da gíria dos skatistas:

apavorar: humilhar o grupo.
dar área: ir embora.
drenado (de adrenalina): empolgado.
fazer naipe: fingir ser skatista.
pagar comédia: falar muito e fazer pouco.
piolho, bason: quem anda bem de *skate*.

Fonte: Kárin Fusaro. *Gíria de todas as tribos*. São Paulo: Panda, 2001.

Composição

O processo de **composição** consiste em formar palavras por meio da união de dois ou mais radicais. A composição pode ser de dois tipos:

Composição por justaposição

Ocorre quando não há alteração das palavras componentes:

beija-flor pontapé bem-me-quer figo-da-índia

Composição por aglutinação

Ocorre quando há perda de alguns sons nas palavras componentes:

outrora (outra + hora) planalto (plano + alto)

Outros processos

Onomatopeia

Trata-se do uso de palavras que imitam aproximadamente sons e ruídos produzidos por armas de fogo, sinos, campainhas, veículos, instrumentos musicais, vozes de animais, etc.

Fernando Gonsales

tique-taque relinchar atchim!

Redução

Consiste em apresentar palavras de modo resumido com o objetivo de economizar tempo e espaço na comunicação falada e escrita.

São palavras formadas por esse processo:

- as **siglas**: SUS (Serviço Unificado de Saúde), Fuvest (Fundação Universitária para o Vestibular);
- as **abreviações**: moto (motocicleta), foto (fotografia);
- as **abreviaturas**: h (hora(s)), min (minuto(s)).

EXERCÍCIOS

1. Leia esta tira:

Laerte

(Laerte. *Classificados.* São Paulo: Jacarandá, 2002. p. 13.)

A palavra **engavetamento**, empregada no texto, nasceu da forma verbal **engavetar**.

a) Quais são os afixos da palavra **engavetar**? Qual é o processo de formação dessa palavra?

b) Que novo processo sofreu a palavra **engavetamento** ao se formar?

c) Que sentido(s) tem a palavra *engavetamento* no texto?

Leia o texto a seguir e responda às questões de 2 a 4.

O famoso [livro] *Dom Quixote de la Mancha* (1605), do espanhol Cervantes, narra as aventuras de um fidalgo de aldeia que enlouquece lendo livros de cavalaria. Em suas andanças — uma verdadeira odisseia! —, ele enfrenta inimigos e monstros imaginários, como no famoso episódio dos moinhos de vento, contra os quais investe de lança em riste, tomando-os por gigantes perigosos.

Apesar de seus continuados fracassos, o bravo Quixote não desanima de sua missão de cavaleiro andante, o que faz do termo "quixotesco", até hoje, uma forma de se referir, com simpatia, a pessoas de intenções e ideais nobres, mas sonhadoras e desconectadas da realidade.

(*Superinteressante*, edição especial: Mundo estranho, nov. 2002.)

2. Identifique os processos de formação das seguintes palavras do texto:

a) enlouquecer

b) fidalgo

c) desanimar

d) quixotesco

e) desconectadas

3. Forme palavras a partir do radical das seguintes palavras do texto:

a) aventura

b) cavalaria

4. A partir do substantivo **Quixote**, forma-se o adjetivo **quixotesco**, em que o sufixo **-esco** significa "semelhança". A partir dos substantivos a seguir, forme adjetivos, empregando também a derivação sufixal. Se necessário, consulte o quadro de sufixos abaixo.

-al, -ar (relação, pertinência)	**-onho** (hábito constante)
-ário, -eiro (relação, posse, origem)	**-oso, -udo, -(l)ento** (provido ou cheio de)
-tico (relação)	**-ício** (referência)

a) dia

b) riso

c) sangue

d) rocha

e) aroma

f) corpo

ESTRUTURA E FORMAÇÃO DAS PALAVRAS NA CONSTRUÇÃO DO TEXTO

Leia, a seguir, a letra de uma canção de Chico Buarque. Se possível, ouça a canção na Internet.

Ela desatinou

Ela desatinou
viu chegar quarta-feira
Acabar brincadeira
bandeiras se desmanchando
E ela inda está sambando

Ela desatinou
viu morrer alegrias
rasgar fantasias
Os dias sem sol raiando
e ela inda está sambando

Ela não vê que toda gente
já está sofrendo normalmente
Toda a cidade anda esquecida
da falsa vida, da avenida onde

Ela desatinou
viu morrer alegrias
rasgar fantasias
Os dias sem sol raiando
e ela inda está sambando

Quem não inveja a infeliz
Feliz no seu mundo de cetim
Assim debochando
da dor, do pecado
Do tempo perdido
do jogo acabado

1. A canção sugere o fim de um evento não mencionado no texto, mas facilmente inferido pelo contexto.

a) Qual é esse evento? ______________________________

b) Quais palavras da canção permitem fazer essa inferência?

____

____

2. O título da canção é "Ela desatinou". Observe alguns dos sentidos do verbo **atinar**:

> **atinar**
> **1.** descobrir por dedução, perceber por algum sinal, probabilidade etc.; enxergar, perceber, acertar.
> **2.** descobrir, perceber ou entender (algo) usando o raciocínio, o tino.
>
> *(Dicionário eletrônico Houaiss da língua portuguesa 1.0.)*

a) Qual é o processo de formação da palavra **atinar**? ______________________________

b) E da palavra **desatinar**? ______________________________

c) Sabendo que o prefixo **des-** confere aos termos o sentido de negação, de ação contrária, responda: Qual é o significado de **desatinar**?

____

____

d) No contexto da canção, por que o eu lírico diz que a moça **desatinou**?

____

____

e) Que evidências, no contexto, podiam levar a moça a atinar e perceber a situação?

____

____

3. Um dos versos da canção refere-se a "bandeiras se desmanchando". Tendo em vista o significado do verbo **manchar**, é possível considerar que o verbo **desmanchar**, com o sentido que tem na música, forma-se pelo mesmo processo que o verbo **desatinar**? Justifique sua resposta.

____

____

____

4. Em relação aos versos:

"Ela não vê que toda gente
já está sofrendo normalmente
Toda a cidade anda esquecida
da falsa vida [...]"

Filipe Rocha

a) O que é a "falsa vida"? ______________________________

____

b) Interprete o trecho "toda gente / já está sofrendo normalmente".

____

5. Associie as palavras ao processo pelo qual elas se formaram:

a) quarta-feira ( )
b) normalmente ( )
c) brincadeira ( )

1. derivação sufixal
2. derivação prefixal
3. composição por justaposição
4. composição por aglutinação

6. Releia os versos:

"Quem não inveja a infeliz
Feliz no seu mundo de cetim"

a) Considerando que o adjetivo **infeliz** deriva de **feliz**, qual é o seu processo de formação?

b) Qual é o sentido do prefixo **in-**?

c) Na canção, **infeliz** não é utilizada como adjetivo, mas como palavra de outra classe gramatical. Que classe é essa? Considerando-se esse fato, por qual outro processo de derivação ela passa?

7. Os termos **feliz** e **infeliz**, contrapostos nos dois versos, constituem um paradoxo entre duas situações relativas à moça, uma real e outra irreal. Com base no que diz a canção, responda:

a) Qual dos dois termos se refere à moça no mundo real e qual é a situação dela nesse mundo?

b) Qual dos dois termos se refere à moça no mundo irreal e qual é a situação dela nesse mundo?

SEMÂNTICA E DISCURSO

Leia o anúncio a seguir e responda às questões de 1 a 5.

ALMAP/ BBDO

(http://quasepublicitarios.wordpress.com/2010/10/15/alguns-titulos-de-cassio-zanatta/)

1. Qual é o processo de formação das palavras **blá** e **glub**, do enunciado principal do anúncio?

2. Tendo em vista o enunciado "Chega de enchente", responda, em relação ao enunciado principal do anúncio:

a) A quem se refere o termo **eles**?

b) Qual é o sentido da expressão "blá, blá, blá" no contexto do anúncio?

c) A quem se refere o termo **nós**?

d) Qual é o sentido da expressão "glub, glub, glub" no contexto do anúncio?

3. Ao opor os pronomes **eles** e **nós**, o anunciante estabelece um tipo de relação com seu público-alvo. Qual é essa relação? Que efeito de sentido essa relação cria no anúncio?

4. Sabendo que esse anúncio foi veiculado em um *outdoor*, levante hipóteses: Por que as expressões "blá, blá, blá" e "glub, glub, glub" são mais eficientes, nesse contexto, do que um texto explicativo?

Alexandre Cappi/Pulsar Imagens

5. Esse anúncio foi produzido em 1996, ou seja, há mais de duas décadas. Na sua opinião, ele está desatualizado? Justifique sua resposta.

6. Observe estes grupos de palavras:

1. economista – jornalista – anestesista – violinista – enxadrista – criminalista
2. verdureiro – jornaleiro – enfermeiro – sanfoneiro – borracheiro – lixeiro

Nos dois grupos, o acréscimo dos sufixos **-ista** e **-eiro** confere às palavras o valor semântico de profissão, ofício. No entanto, parece haver uma relação entre esses sufixos e prestígio social.

a) O que a observação do sentido das palavras de um grupo e outro indica quanto a essa relação?

b) Que outras palavras poderiam ilustrar essa hipótese?

c) Há palavras que contrariam essa hipótese? Discuta com os colegas e, em caso afirmativo, deem exemplos.

PARA ESCREVER COM ADEQUAÇÃO

Antonímia, sinonímia, hiponímia e hiperonímia

Leia o texto a seguir.

Fundação Telefônica

(Disponível em: http://www.zuannon.com/digital/index.php/tag/tao-longe-tao-perto/. Acesso em: 29/5/2016.)

1. O texto faz parte de um DVD-ROM da Fundação Telefônica.

a) Qual é o ramo de atividade da Fundação Telefônica?

b) A quem se destinam os serviços da Telefônica?

c) Que relação há entre esse tipo de empresa e os termos empregados no texto, como ***clipping***, **imagens**, **material gráfico**, ***case***, **serviço educativo** e **mídia**?

2. Observe o *slogan* "Tão longe, tão perto". Considerando a finalidade do anúncio, responda: Que efeito de sentido produz, no contexto, o emprego de duas palavras com sentidos opostos?

No *slogan*, as palavras **longe** e **perto** têm sentidos opostos. Quando duas palavras apresentam sentidos opostos, dizemos que elas são antônimas.

Antônimos são palavras de sentidos opostos.

Veja outros exemplos de antônimos:

Às vezes me acho **feia**, outras vezes **bonita**.
Por que você veio à imobiliária? Deseja **comprar** ou **vender** algum imóvel?
O jogo vai ser dos **solteiros** contra os **casados**.

Agora leia este *e-mail*:

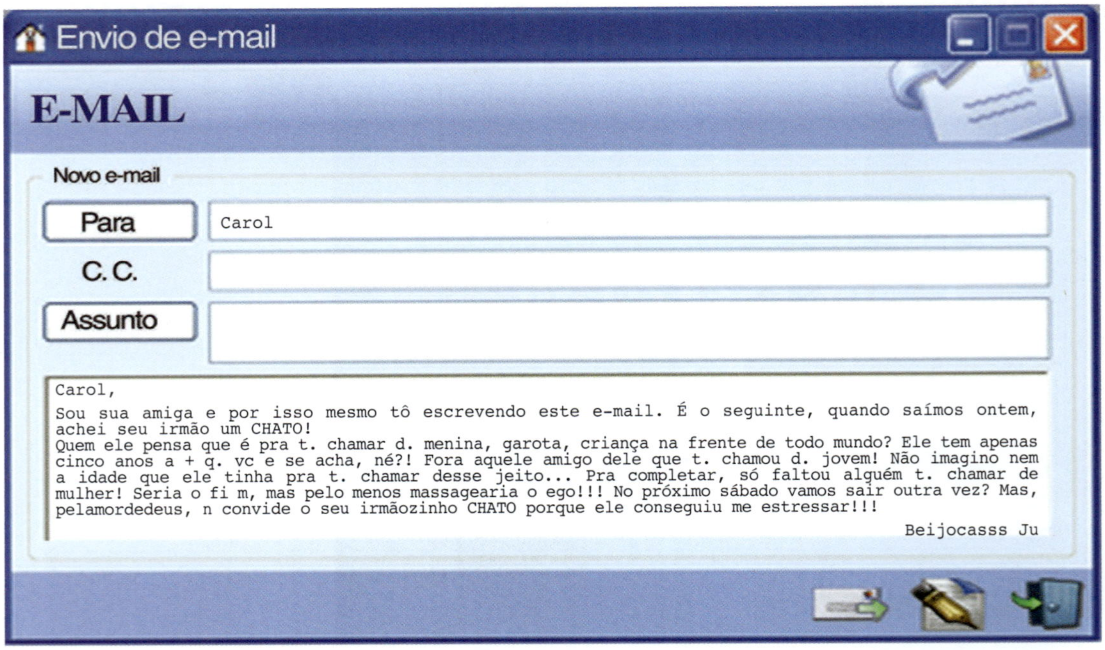

Reprodução

1. Os substantivos **Carol**, **mulher**, **menina**, **garota**, **jovem**, embora apresentem pequenas diferenças semânticas entre si, têm ao menos um ponto em comum. Qual é esse ponto?

2. Relacione o uso desses substantivos com a idade das pessoas a que eles normalmente se referem.

a) Desses substantivos, quais são geralmente usados para designar mulheres de pouca idade?

b) Qual dos substantivos é usado para designar pessoas que geralmente não apresentam a característica de ter pouca idade?

Em determinados contextos, como no caso do *e-mail* que você leu, é possível substituir um substantivo próprio, como **Carol**, por substantivos comuns, como **menina**, **garota** e **jovem**, sem que com isso ocorram profundas alterações semânticas. E ainda que a pessoa em questão fosse outra – **Maria**, por exemplo –, também poderíamos nos referir a ela usando esses mesmos substantivos. Veja o exemplo ao lado.

Maria A **menina** A **garota** A **jovem**	foi para a escola.

Palavras que, em contextos diferentes, podem ser substituídas umas pelas outras – como **menina**, **garota** ou **jovem** – são consideradas **sinônimas**.

Sinônimos são palavras de sentido aproximado que podem ser substituídas umas pelas outras em diferentes contextos.

Leia este anúncio publicitário:

Os substantivos **micos**, **jaguatiricas**, **antas**, **sapos**, **morcegos** e **pássaros**, empregados no anúncio, nomeiam seres que possuem algo em comum.

a) O que esses seres têm em comum?

____

____

b) Caso quiséssemos substituir esses substantivos por um único substantivo, qual seria?

____

____

c) Reescreva o enunciado principal do anúncio, fazendo a substituição.

____

____

____

____

Revista Terra da gente

(*Terra da Gente*, nº 72, capa.)

Note que entre **micos**, **jaguatiricas**, **antas**, **sapos**, **morcegos** e **pássaros** há certa familiaridade, pois pertencem a um mesmo grupo semântico: o grupo dos **animais**. As palavras **micos**, **jaguatiricas**, **antas**, **sapos**, **morcegos** e **pássaros** são **hipônimos** de **animais**. A palavra **animais**, por sua vez, por ter um sentido mais amplo que as outras, nesse contexto, é o **hiperônimo** delas.

Hipônimo e **hiperônimo** são palavras que pertencem ao mesmo campo semântico, sendo o hipônimo uma palavra de sentido mais específico e o hiperônimo uma palavra de sentido mais genérico.

EXERCÍCIOS

1. A substituição de uma palavra por outra, sinônima, depende de vários fatores: qual é a situação de comunicação, quem fala, com quem fala, com que finalidade, etc. Às vezes, numa situação, uma palavra tem o sentido semelhante ao de outra; contudo, em outra situação, essa correspondência de sentidos pode deixar de existir. Leia este relato:

Um estrangeiro precisava compor um quadro com palavras sinônimas em português. Pediu a ajuda de um amigo. O quadro ficou assim:

careca — calvo
peito — seio
dinheiro — cascalho
velho — antigo
casa — lar
pelada — nua

Depois tinha de criar frases empregando as palavras que havia aprendido. Veja o que ele escreveu:

O pneu do carro está calvo.
Gosto de seio de frango cortado em filé.
Ganhei muito cascalho naquela construção.
Meu avô é bem antigo.
Meu lar foi destruído pelo terremoto.
Joguei uma nua com os amigos no final de semana.

Biry Sarkis

a) O estrangeiro empregou as palavras adequadamente? Por quê?

____

____

b) Empregue palavras que garantam a coerência semântica das frases criadas pelo estrangeiro. Na medida do possível, não use os sinônimos do quadro.

- O pneu do carro está ______________.
- Gosto de ______________ de frango cortado em filé.
- Ganhei muito(a) ______________ naquela construção.
- Meu avô é bem ______________.
- Minha ______________ foi destruída pelo terremoto.
- Joguei ______________ com os amigos no fim de semana.

c) Das frases criadas pelo estrangeiro, uma ficou com um sentido ilógico. Qual é essa frase?

____

2. As palavras **cascalho**, **dindim**, **tutu**, **bufunfa** e **cacau** são sinônimas de dinheiro.

a) Elas podem substituir a palavra **dinheiro** em qualquer situação? ______________

b) Em que contextos, na sua opinião, o uso delas seria adequado?

____

____

____

3. Existem na língua muitas palavras e expressões que designam "falta de dinheiro". Entre elas, estão: **pindaíba**, **durango**, **quebrado**, **ruço**, **não ter onde cair morto**, **com a corda no pescoço**. Que outras palavras e expressões com esse mesmo sentido você conhece?

Leia o cartum a seguir, de Caulos, e responda às questões 4 e 5.

Caulos

(http://acaocritica.blogspot.com/2011_04_01_archive.html. Acesso em: 10/6/2016.)

4. Caulos constrói o cartum com base em relações de oposição.

a) Em que consiste a oposição no plano visual?

b) No plano verbal, que elementos constituem a antonímia?

5. Na parte superior do cartum há vários balões, cada um com uma letra. Juntas, elas formam a palavra **livre**.

a) O que esse tipo de balão normalmente contém em quadrinhos, cartuns e tiras?

b) Associando as palavras e as imagens do cartum, conclua: Qual é o sentido que o cartunista criou? Justifique sua resposta.

DIVIRTA-SE

A jovem está deitada ou pendurada?

Alex Arnold/Alamy/Fotoarena

(Disponível em: http://www.fatosdesconhecidos.com.br/25-ilusoes-de-otica-incriveis-que-vao-dar-um-seu-cerebro/. Acesso em: 29/5/2016.)

CAPÍTULO 8

CONCORDÂNCIA NOMINAL E CONCORDÂNCIA VERBAL

CONSTRUINDO O CONCEITO

Leia este texto:

Por que a melancia tem tantas sementes?

As sementes da fruta são essenciais para a reprodução da planta. Algumas espécies produzem uma ou poucas sementes. Nesse caso, a semente é grande e resistente, como a do abacate. Já a melancia tem sementes pequenas e frágeis e precisa de muitas para aumentar as chances de algumas resistirem e dar origem a novas plantas.

(Fernanda Santos, org. *Curiosidades Recreio.* São Paulo: Abril, 2011. p. 50.)

Observe e compare estas frases:

"As sementes da fruta são essenciais para a reprodução da planta."
"a semente é grande e resistente"

a) Por que na primeira frase o adjetivo **essenciais** está no plural?

____

____

b) Por que, nessa frase, o verbo **ser** está na 3ª pessoa do plural?

____

____

____

____

c) Identifique o sujeito e o verbo da oração constituída pela segunda frase. Depois, explique por que o verbo está no singular.

Biry Sarkis

d) Por que, nessa frase, os adjetivos **grande** e **resistente** estão no singular?

CONCEITUANDO

Ao responder às questões anteriores, você pôde observar que, na primeira frase, o fato de o substantivo **sementes** estar no plural determina o emprego do adjetivo **essenciais**, no plural, e da forma verbal **são**, também no plural. E pôde observar, na segunda frase, que o substantivo **semente**, no singular, leva ao emprego dos adjetivos **grande** e **resistente**, no singular, e da forma verbal **é**, também no singular.

Nesses casos, há **concordância**, um princípio linguístico que orienta a combinação das palavras nas frases.

Veja as relações de concordância:

sujeito		predicado		
A	semente	é	grande e	resistente.
artigo	substantivo	verbo	adjetivo	adjetivo

Na língua portuguesa, há dois tipos de concordância: **nominal** e **verbal**.

Concordância nominal é a concordância, em gênero e número, entre o substantivo e seus determinantes: o adjetivo, o pronome adjetivo, o artigo, o numeral e o particípio.
Concordância verbal é a concordância entre o verbo e seu sujeito, em número e pessoa.

A concordância nominal

Regra geral

Leia o poema a seguir.

Pirilampos

Quando a noite
vem baixando,
nas várzeas ao lusco-fusco
e na penumbra das moitas
e na sombra erma dos campos,
piscam, piscam pirilampos.

São pirilampos ariscos
que acendem pisca-piscando
as suas verdes lanternas,
ou são claros olhos verdes
de menininhos travessos,
verdes olhos semitontos,
semitontos mas acesos
que estão lutando com o sono?

(Henriqueta Lisboa. *Varal de poesia*. São Paulo: Ática, 2005. p. 10.)

Nelson Provazi

Observe a concordância dos adjetivos com os substantivos nestas expressões do poema:

pirilampos	ariscos
substantivo masc. plural	adjetivo masc. plural

verdes	lanternas
adjetivo plural	substantivo fem. plural

claros	olhos	verdes
adjetivo masc. plural	substantivo masc. plural	adjetivo plural

menininhos	travessos
substantivo masc. plural	adjetivo masc. plural

verdes	olhos	semitontos
adjetivo plural	substantivo masc. plural	adjetivo masc. plural

Além dos adjetivos, outras palavras – artigos, pronomes, numerais e particípios – também concordam em gênero e número com os substantivos a que se referem. Veja:

As	suas	verdes	lanternas
artigo fem. plural	pronome fem. plural	adjetivo plural	substantivo fem. plural

Leia agora esta frase:

A atriz tinha olhos e boca **maravilhosos**.

Nessa frase, o adjetivo **maravilhosos** refere-se a dois substantivos de gêneros diferentes: **olhos**, que é masculino, e **boca**, que é feminino. Por se referir a dois substantivos de gêneros diferentes, ele está no masculino e no plural. Mas também é possível a concordância com o substantivo mais próximo.

EXERCÍCIOS

1. Reescreva a 2ª estrofe do poema "Pirilampos", que você leu na abertura deste capítulo, passando para o singular as palavras **pirilampos**, **lanternas**, **olhos** e **menininhos**. Faça as adaptações que forem necessárias.

2. O poema a seguir foi propositalmente alterado. Descubra como é a escrita original do texto, passando para o plural os substantivos destacados e fazendo as adaptações necessárias.

Os músicos

Na casa dos músicos
a **parede** é sonora,
no teto mora **acorde**,
e no **vão sustenido** se esconde.

O **pensamento** dos músicos
não é como o **pensamento** comum,
mora em outra altíssima **esfera**.

Para nós, os outros,
eles constroem **algodoado**
caminho de sons.

Para que nossa vida
Fique mais leve,
Fique mais bela.

(Roseana Murray. *Artes e ofícios*. 3. ed. São Paulo: FTD, 1994. p. 22.)

3. De acordo com o poema "Os músicos", qual é a função do artista?

Regras especiais

Nos anos anteriores, estudamos alguns casos especiais de concordância nominal. A seguir, você irá rever alguns deles e ver alguns casos novos.

1. As expressões **é proibido**, **é necessário**, **é preciso**, **é bom** não variam quando o adjetivo se refere a substantivos de sentido genérico:

Tristeza **é proibido**. Alegria **é necessário**. Música **é bom**.

Entretanto, se o substantivo a que o adjetivo se refere é determinado por artigos ou pronomes, a concordância é feita normalmente:

Naquela casa, a tristeza era **proibida**.
Serão **precisos** outros dois homens para carregar o piano.

2. As palavras **bastante**, **meio**, **pouco**, **muito**, **caro**, **barato**:

- concordam com o substantivo quando têm valor de **adjetivo**:

Ali, a comida é **barata**, mas é boa.
Chegamos exatamente ao meio-dia e **meia** (hora).

- são invariáveis quando têm valor de **advérbio**:

As crianças estavam **meio** assustadas com o barulho da tempestade.
Até que custou **barato** a troca dos pneus!

3. Os adjetivos **anexo**, **obrigado**, **mesmo**, **próprio**, **incluso** concordam com o substantivo a que se referem:

Ela costura as **próprias** roupas.
As receitas seguiram **anexas** ao pacote de doces.

EXERCÍCIOS

Leia o texto:

Gentileza gera gentileza

(Disponível em: http://www.bombounowa.com/imagens/campanha-pela-volta-das-palavras-magicas-por-favor-muito-obrigado-desculpe-com-licenca-e-eu-te-amo/. Acesso em: 2/6/2016.)

1. Esse texto teve grande circulação na Internet, especialmente em mensagens trocadas pelo Whatsapp. Observe o enunciado da parte superior do texto.

a) Por que ele faz referência a algumas palavras e expressões da língua como "palavras mágicas"?

____

____

b) O que a palavra **volta** sugere quanto ao uso dessas palavras e expressões?

____

____

c) De acordo com o texto, o que ocorre quando se utilizam essas palavras e expressões? Justifique com palavras do texto.

____

____

d) Na parte de baixo do texto se lê: "Compartilhe, por favor". Esse enunciado está sendo coerente com o conteúdo do texto? Por quê?

____

____

2. Observe o emprego da palavra **obrigado**, na expressão "muito obrigado".

a) Do modo como está empregada no texto, ela está de acordo com a norma-padrão da língua? Por quê?

____

____

b) Haveria alteração no enunciado se uma mulher utilizasse essa expressão?

____

3. Como você teria reagido caso tivesse recebido essa mensagem?

____

____

____

4. Complete as frases, fazendo a devida concordância dos adjetivos indicados entre parênteses:

a) O sinal para a saída da escola é dado pontualmente ao meio-dia e ____________ (meio).

b) Após o início do espetáculo, não é mais ____________ (permitido) a entrada.

c) A diretora da escola colocou um aviso na quadra: "É ____________ (proibido) pessoas não autorizadas neste local".

d) Mamãe está ____________ (meio) nervosa à espera dos resultados de seus exames de sangue.

e) As roupas estão muito ____________ (barato) naquela loja.

Leia e compare as frases abaixo para responder às questões 5 e 6.

> Somos **bastante** competentes para fazer receitas com **bastantes** e sofisticados ingredientes.
> Há alunos **bastante** inteligentes nesta classe.
> Há **bastante** aluno inteligente nesta classe.

5. Na primeira frase, a palavra **bastante(s)** aparece duas vezes. Em uma das situações, ela é adjetivo e significa "vários, diferentes". Na outra, é advérbio e significa "muito". Identifique cada uma das situações.

____

6. Observe a palavra **bastante** na segunda e na terceira frases.

a) Que sentido ela apresenta em cada frase? A que classe de palavras ela pertence em cada frase?

____

b) Em qual das situações a palavra **bastante** é invariável?

____

7. Leia estas frases:

> Há bastantes razões para você viajar. Há razões bastantes para você viajar.

Embora o adjetivo **bastante** não sofra alteração quanto à concordância nessas frases, sua colocação antes ou depois do substantivo **razões** modifica-lhe o sentido.

a) Qual é o sentido do adjetivo **bastante** na primeira frase? ______________________

b) E na segunda? ______________________

A concordância verbal

Leia este anúncio:

(Revista *Folha do Parque*, jan./fev. 2009.)

Observe este enunciado da parte inferior do anúncio:

LIXO E ESGOTOS SÃO LANÇADOS DIRETAMENTE NOS RIOS BRASILEIROS.
OS MESMOS DE ONDE É CAPTADA A ÁGUA DO SEU COQUETEL.

Observe que, nas orações do enunciado, os verbos concordam com o sujeito em número e pessoa.

Lixo e esgotos (sujeito composto) são lançados (locução verbal) diretamente nos rios brasileiros.

Os mesmos de onde é captada (locução verbal) a água do seu coquetel. (sujeito simples)

Esse é o princípio básico da concordância verbal na norma-padrão da língua. Há, entretanto, outros casos que devem ser comentados.

Concordância do verbo com o sujeito simples

- Quando o sujeito é representado por um **substantivo coletivo**, o verbo fica no singular:

A multidão (sujeito) **ouvia** atenta o discurso do presidente.

- Quando o sujeito é um **pronome de tratamento**, o verbo fica na 3ª pessoa:

Sua Excelência (sujeito), a presidente, **dará** uma entrevista logo mais.

- Quando o sujeito é representado pelo pronome relativo **que**, o verbo concorda com o antecedente do pronome:

Sempre sou eu que (sujeito) **faço** tudo no meu grupo de estudos.

Thinkstock/Getty Images

- Quando o sujeito é representado pelo pronome relativo **quem**, o verbo fica na 3ª pessoa do singular ou concorda com a pessoa do antecedente do pronome:

Fomos nós quem (sujeito) **trouxe** os CDs. Fomos nós quem (sujeito) **trouxemos** os CDs.

Concordância do verbo com o sujeito composto

- Quando o sujeito composto aparece anteposto ao verbo, este fica no plural:

Filipe e Alexandre (sujeito) **são** gêmeos idênticos.

- Quando o sujeito composto aparece posposto ao verbo, este concorda com o elemento mais próximo ou fica no plural:

> **Corria**, no quintal, o cachorro, o gato e as galinhas.
> sujeito
>
> **Corriam**, no quintal, o cachorro, o gato e as galinhas.
> sujeito

- Quando o sujeito composto é constituído por pessoas gramaticais diferentes, o verbo fica no plural. Se houver 1ª pessoa (eu, nós), ela prevalece sobre todas as outras; se houver 2ª pessoa (tu, vós), o verbo pode ficar na 2ª ou na 3ª pessoa do plural. Veja:

> **Seremos** três no jantar: eu, tu e mamãe.
> sujeito
>
> **Sereis** apenas dois no jantar: tu e mamãe.
> sujeito
>
> **Serão** apenas dois no jantar: tu e mamãe.
> sujeito

EXERCÍCIOS

1. Reescreva as frases a seguir, dando duas versões a elas: em uma, empregando o pronome relativo **que** como sujeito e o verbo indicado entre parênteses; em outra, empregando o pronome relativo **quem**. Quando houver mais de uma concordância possível, indique-as.

   a) Podem deixar. Hoje sou eu que ________________. (pagar)

   Podem deixar. Hoje sou em quem ______________________. (pagar)

   b) Pelo que sei, foram os noivos que os ______________________. (convidar)

   Pelo que sei, foram os noivos quem os ______________________. (convidar)

   c) São os representantes de classe que ____________________ (ir) representá-los na reunião.

   São os representantes de classe quem ______________________ (ir) representá-los na reunião.

2. Complete as frases a seguir, empregando o verbo entre parênteses no modo e no tempo adequados ao contexto. Veja o exemplo:

> Amanhã, eu e você **acordaremos** cedo. (acordar)

   a) Ontem, nós e eles ________________________ os assuntos de formatura. (resolver)

   b) Eu e tu ________________________ de modo diferente. (pensar)

c) ______________ a discussão, em sala de aula, o professor e o representante do 9º ano. (coordenar)

d) Se Vossa Excelência ______________ desse modo, eu ______________. (preferir – concordar)

e) Quem vai dar a boa notícia ______________ eu. (ser)

Concordância do verbo *ser*

O verbo de ligação **ser** pode concordar com o sujeito ou com o predicativo:

As lágrimas (sujeito) **foram** apenas um desabafo. As lágrimas **foi** apenas um desabafo (predicativo).

Quando o sujeito ou o predicativo se referem a ser humano ou são constituídos por pronome pessoal, a concordância do verbo **ser** se faz com a pessoa gramatical:

Meu pai (sujeito) **é** muitas pessoas: o papai, para os filhos; o doutor Carlos, para os clientes; o Carlito, para os amigos.

A alegria dele **são** as crianças (predicativo). A alegria dele **somos** nós (predicativo).

Quando indica tempo e distância, o verbo **ser** concorda com o predicativo. Nesse caso, ele é impessoal, isto é, não apresenta sujeito:

Agora **é** meio-dia.
São dezoito horas e quarenta minutos.
Do chão ao teto, **são** cinco metros.
De Araraquara a São Paulo, **são** 279 quilômetros.

Andre Flauzino

Casos especiais

Se como pronome apassivador

Os verbos **transitivos diretos**, quando apassivados pelo pronome **se**, concordam com o sujeito. Veja o exemplo:

Consertam-se (VTD) bules de estanho (sujeito).

Nesse caso, o sujeito do verbo transitivo direto **consertar** é **bules de estanho**.

Se passarmos essa frase para a voz passiva analítica, a concordância do verbo com o sujeito ficará bem clara:

Bules de estanho (sujeito) **são consertados** (VTD).

Se como índice de indeterminação do sujeito

Os verbos **de ligação**, **intransitivos** e **transitivos indiretos**, quando seguidos do pronome **se** (índice de indeterminação do sujeito), ficam na 3ª pessoa do singular, porque seu sujeito é indeterminado:

Assistiu-se, numa mesma tarde, a dois belos filmes.
VTI | índice de indeterminação do sujeito | OI

CONTRAPONTO

As gramáticas normativas da língua portuguesa são unânimes ao recomendar a concordância no plural do verbo em frases como "Alugam-se casas" ou "Vendem-se apartamentos", por entenderem que se trata de voz passiva sintética, na qual o verbo deve concordar com o sujeito. Essa tem sido também a posição adotada em exames de seleção e em exames vestibulares.

Apesar disso, há linguistas que discordam desse ponto de vista, alegando que a forma "Aluga-se casas" deveria ser aceita, por entenderem que o pronome **se** não tem papel de apassivador e, sim, de indeterminador do sujeito. Veja, por exemplo, como o linguista Marcos Bagno vê a questão:

> Já **se demitiu muitos operários** da Ford.
> *se* = indeterminador do SUJEITO
> *demitiu* = verbo transitivo na VOZ ATIVA
> *operários* = OBJETO DIRETO

(Dramática da língua portuguesa — Tradição gramatical, mídia & exclusão social. São Paulo: Loyola, 2000. p. 225.)

E você, o que acha da polêmica?

Atenção: O fato de existir uma polêmica entre especialistas não autoriza você a, em situações formais de uso da língua e em exames, fazer concordância diferente da que é recomendada pela gramática normativa.

Verbos impessoais

Os verbos impessoais, por não apresentarem sujeito, ficam na 3ª pessoa do singular. São impessoais:

- os verbos que indicam fenômenos da natureza:

Trovejou duas noites seguidas, mas não **choveu**.

- o verbo **haver** com o sentido de "existir":

Houve muitas brigas e reconciliações na família naquele período. (houve = existiram)

- os verbos **haver** e **fazer** quando indicam tempo:

Há três anos que não visito meus avós.
Faz dois dias que ela está com febre.

ATENÇÃO

Nas locuções verbais, o verbo **haver**, quando impessoal, transmite sua impessoalidade ao verbo auxiliar. Veja:

Há pessoas esperando-o na varanda.
Deve haver pessoas esperando-o na varanda.
Pode haver pessoas esperando-o na varanda.

EXERCÍCIOS

1. Considerando a norma-padrão, complete os textos com uma das formas verbais indicadas entre parênteses:

a) "Discava 130. Perguntava:

— Pode me dizer que horas ________________, gracinha? (é — são)
A telefonista imperturbável:
— 23 horas e 23 minutos. [...]"

(Ignácio de Loyola Brandão. "Solidão em Belo Horizonte". In: *Crônicas para ler na escola.* 2. ed. Rio de Janeiro: Objetiva, 2010. p. 41.)

b)

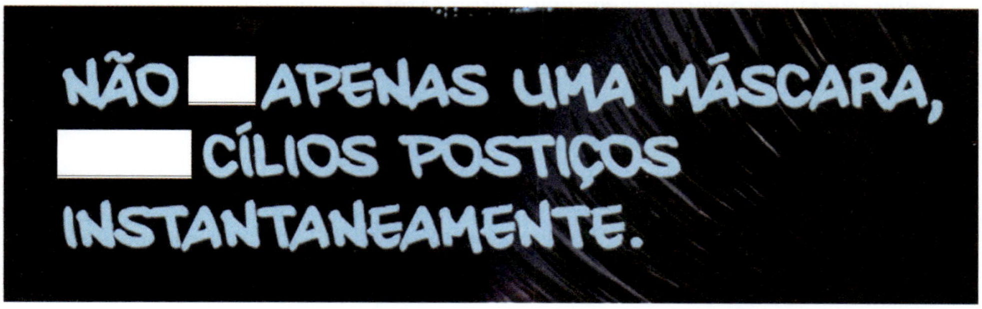

Revista Atrevida

(*Atrevida*. nº 203. Recorte de anúncio da capa.)

(é — são / é — são)

c) "[...] É uma confissão. É difícil confessar olho no olho. Porque só se confessa o que é vergonhoso. ________________ nos olhos que a vergonha mora." (é — são)

(Rubem Alves. *O sapo que queria ser príncipe.* São Paulo: Planeta do Brasil, 2009. p. 22.)

d) "Rouxinol, Paquetá, Chouriço, Aymoré, Lampião, Pombinho, Botafogo, Beija-Flor, Sultão, Pampa, Tamoio, Portugal, Mustafá, Cacique, Oberdan... O tempo passou [...]. ________________ os nomes dos cavalos de nossa fazenda, em Itaipava [...]" (era — eram)

(Carlos Heitor Cony. "Os cavalos de Itaipava". In: *Crônicas para ler na escola.* Rio de Janeiro: Objetiva, 2009. p. 17.)

2. Leia esta tira, de Fernando Gonsales:

Fernando Gonsales

(Disponível em: http://www2.uol.com.br/niquel/. Acesso em: 2/7/2016.)

a) Que forma verbal do verbo **ser**, no presente do indicativo, completa corretamente a frase do último balão?

____

b) O que justifica essa concordância do verbo **ser**?

c) As tiras sempre têm um fator surpresa, que provoca o humor. Qual é ele nessa tira?

3. Nas frases a seguir, substitua o verbo **haver** pelo verbo **fazer**, estabelecendo a concordância adequada. Veja o exemplo:

Há um século que estou esperando você.
Faz um século que estou esperando você.

a) Havia um mês que ele não dava notícias.

b) Ela saiu há apenas dez minutos.

c) Há muitos anos que nós não vamos à praia.

d) Deve haver cinco anos que ele partiu para o exterior.

e) Havia meses que não víamos um filme tão bom!

4. Leia este enunciado, que faz parte de um anúncio publicitário:

"Nos últimos 60 anos muita coisa importante aconteceu na nossa cultura. E, dependendo de você, nos próximos dias também."

(Anúncio do Prêmio Porto Seguro Fotografia. *Bravo*, junho 2005, contracapa.)

Andre Flauzino

a) Reescreva o enunciado, substituindo **muita coisa importante** por sua forma plural correspondente, adaptando o que for necessário.

b) Reescreva o enunciado, substituindo **muita coisa importante** por sua forma plural correspondente e substituindo o verbo **acontecer** por **haver**, adaptando o que for necessário.

____

____

c) O que ocorreria se, ao final de sua resposta ao exercício anterior, você empregasse o verbo **haver**, que está implícito?

____

____

5. Leia o anúncio a seguir.

(*Veja São Paulo – Edição especial –* As 4 estações do luxo, abril 2011.)

a) Preencha a lacuna do enunciado principal com o verbo **haver**, no presente.

b) Como ficaria a concordância, caso fosse empregado o verbo **fazer** em lugar de **haver**? ____________

A CONCORDÂNCIA NA CONSTRUÇÃO DO TEXTO

Leia este poema:

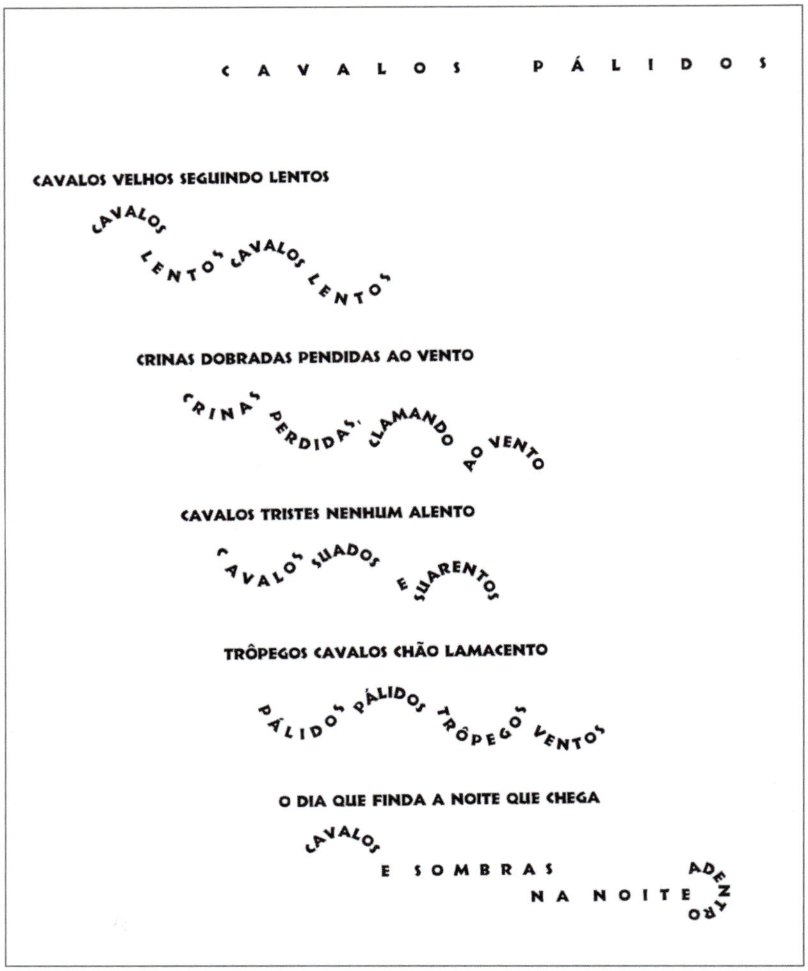

(Sérgio Capparelli e Ana Cláudia Gruszynski. *Poesia visual.* São Paulo: Global, 2001. p. 29.)

alento: ânimo, coragem, fôlego.
trôpego: que anda com dificuldade, que mal consegue se mover.

1. O poema apresenta muitos nomes (substantivos e adjetivos) e poucos verbos.

a) Quais são as formas verbais empregadas no poema?

b) Identifique no poema verbos no particípio empregados como adjetivos.

c) Identifique no poema a forma verbal que resume a ação principal dos cavalos e o adjetivo que exprime o estado deles.

d) A ausência de verbos ajuda a caracterizar o modo como é feita a caminhada dos cavalos. Como é essa caminhada?

2. Veja no quadro a seguir os adjetivos e particípios com função adjetiva empregados no poema.

dobradas	**pálidos**	**velhos**	**perdidas**	**tristes**
lentos	**suados**	**trôpegos**	**pendidas**	**suarentos**

a) Quais se referem a **cavalos**? Quais se referem a **crinas**?

CAVALOS

CRINAS

Yurkovska Tanya/Shutterstock

b) Observe o sentido desses adjetivos e particípios. Como os cavalos se sentem do ponto de vista físico e psicológico?

c) Levante hipóteses: Por que os cavalos estão assim?

3. Há, no poema, alguns elementos que informam sobre o local, o clima e o momento em que ocorre a cena.

a) Em que lugar você imagina que essa cena ocorre?

b) Em que momento do dia ela ocorre? Como está o clima?

4. Alguns versos do poema apresentam uma disposição visual diferente da convencional. Observe as imagens formadas a partir dessa disposição e relacione-as com o conteúdo do poema. Troque ideias com os colegas e com o professor: O que elas sugerem?

5. A sonoridade do poema também é responsável pela construção dos sentidos do texto.

a) Observe que a maior parte dos substantivos e adjetivos empregados no poema está no plural e termina com o fonema /s/: cavalo**s**, velho**s**, lento**s**, triste**s**, etc. O que sugere a sonoridade criada pela repetição do fonema /s/?

b) Observe a escansão do verso seguinte e a posição em que estão as sílabas tônicas, responsáveis pelo ritmo do verso:

1	2	3	4	5	6	7	8	9	
ca /	va /	los /	**ve** /	lhos/	se /	guin /	do /	**len** /	tos

Faça a escansão dos versos "cavalos lentos cavalos lentos" e "cavalos suados e suarentos" e responda: Que relação existe entre o ritmo desses versos e a situação retratada pelo poema?

6. Faça uma experiência: releia o poema, substituindo mentalmente os substantivos **cavalos** e **crinas** por **cavalo** e **crina**, no singular, e fazendo as concordâncias nominais e verbais adequadas. Compare as diferenças de sentido e conclua: Qual é a importância da concordância nominal no plural para a construção das imagens do poema?

7. O poema retrata o fim de um cansativo dia na vida de um grupo de cavalos. Mas há outras possibilidades de leitura. Considerando que os cavalos estão "pálidos", "sem alento" e "trôpegos" e que o dia (cheio de luz) pode ser considerado a metáfora da vida, responda:

a) O que pode representar a chegada da noite? ______________________

b) Lembrando que todos nós caminhamos na estrada da vida, é verdadeiro afirmar que o poema esteja fazendo referência só a cavalos? Justifique sua resposta.

SEMÂNTICA E DISCURSO

Leia este anúncio produzido pela Fundação Boticário e responda às questões 1 e 2.

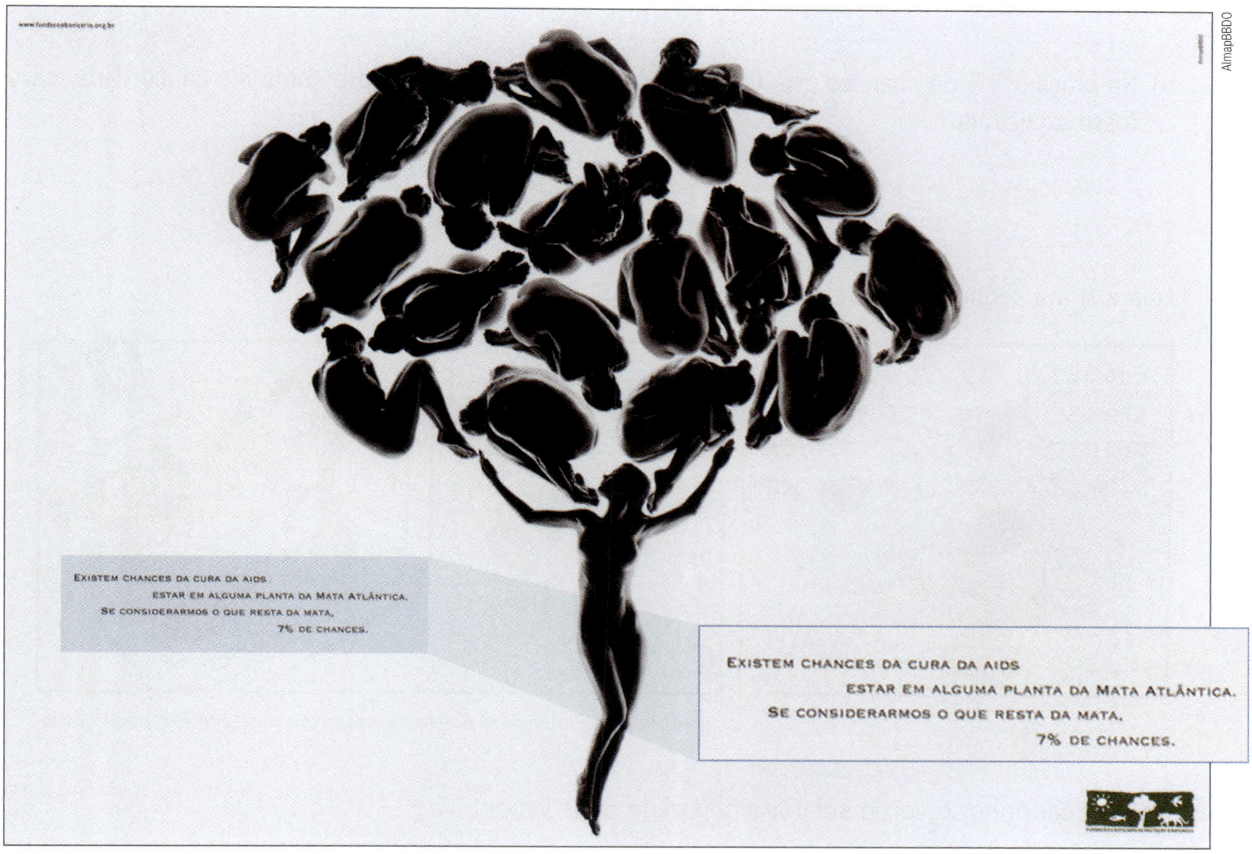

AlmapBBDO

(31º *Anuário de propaganda*, p. 349.)

1. No enunciado principal do anúncio se lê:

> "Existem chances da cura da AIDS estar em alguma planta da Mata Atlântica.
> Se considerarmos o que resta da mata, 7% de chances."

No anúncio, existe uma informação e uma crítica implícitas sobre a condição da Mata Atlântica brasileira.

a) Qual é a crítica?

____

____

b) Que informação se pode inferir a partir da expressão "7% de chances"?

____

____

c) Que relação existe entre o conteúdo do anúncio e a imagem que o acompanha?

____

____

2. No enunciado principal, foi empregado o verbo **existir** no plural.

a) A concordância desse verbo está de acordo com a norma-padrão? Justifique.

b) Na oração "7% de chances", há um verbo implícito. Qual é o verbo e como ele concordaria, caso fosse explicitado?

Leia a tira a seguir e responda às questões de 3 a 5.

(Fernando Gonsales. Disponível em: http://www2.uol.com.br/niquel. Acesso em: 25/5/2016.)

3. No 1º quadrinho, o verbo **ser** foi empregado duas vezes.

a) No segundo balão, o sujeito está subentendido. Qual pode ser ele?

b) A concordância do verbo **ser**, nas duas vezes em que ele foi empregado, está de acordo com a norma-padrão formal? Por quê?

4. No 2º quadrinho, se o verbo **comer** estivesse na 3ª pessoa do singular, isso levaria a uma situação absurda, semanticamente. Explique por quê.

5. O fato surpreendente das tiras costuma ocorrer no último quadrinho. Qual é a surpresa dessa tira?

DE OLHO NA ESCRITA

Palavras parônimas

Leia os textos a seguir, completando-os com o termo adequado ao contexto.

Você está prestes a fazer algo importante, uma entrevista de emprego, uma apresentação, o primeiro encontro ou seu casamento, e nota que está __________ nas palmas das mãos e nas axilas. Ou, de repente, você acabou de fazer um exercício aeróbico e seu corpo está encharcado de suor. Como atividades tão diferentes podem ter o mesmo efeito em seu corpo? O que é o suor e por que o produzimos?

(Disponível em: http://saude.hsw.uol.com.br/suor.htm. Acesso em: 2/6/2016.)

Rido/Shutterstock

[...] Da casa onde morava, no número 161 da avenida Doutor José Higino, no bairro da Mooca, ele conseguia observar a torre da Igreja São Pedro Apóstolo. Com 5 anos, a diversão já fazia parte de sua rotina. "Um pouco antes de o sino __________, eu já estava à porta, olhando fixamente para a torre e aguardando o início do espetáculo", lembra. "Às vezes minha mãe me levava até a torre, onde eu observava o movimento dos sinos por um ângulo diferente e ouvia o som mais intenso."

(Disponível em: http://spcuriosos.com.br/especialista-lanca-site-sobre-sinos-e-espera-que-ele-seja-muito badalado/. Acesso em: 2/6/2016.)

Ostill/Shutterstock

Embora tenham grafias aproximadas, as palavras **soar** e **suar** apresentam sentidos diferentes. De acordo com o contexto:

a) Que palavra preenche corretamente a lacuna do primeiro texto: **soando** ou **suando**? Qual é o sentido dessa palavra?

____

b) Que palavra preenche corretamente a lacuna do segundo texto: **soar** ou **suar**? Qual é o sentido dessa palavra?

____

Assim como o par de palavras **soar** e **suar**, há na língua portuguesa inúmeras outras palavras que se assemelham na grafia e na pronúncia, mas têm significados diferentes. Essas palavras são chamadas de **parônimos**.

Veja outros exemplos:

O **tráfico** de drogas é um grave problema do mundo atual. (negócio ilegal, escuso)
Nos fins de semana, o **tráfego** nas rodovias se intensifica. (trânsito)

O médico me **prescreveu** uma rigorosa dieta. (determinar, fixar, receitar)
O ditador destituiu, **proscreveu** e perseguiu dois ministros de seu governo. (desterrar, expulsar)

Há, a seguir, uma relação de alguns parônimos para ser consultada quando necessário.

absolver — perdoar, inocentar
absorver — aspirar, sorver
descriminar — tirar a culpa
discriminar — diferenciar
discrição — qualidade de quem é discreto
descrição — ato de descrever
docente — relativo a professores
discente — relativo a alunos
emigrar — deixar um país
imigrar — entrar em um país
fruir — desfrutar, gozar
fluir — correr (líquido), passar (tempo), escoar (tráfego)
retificar — corrigir
ratificar — confirmar
usuário — o que desfruta o direito de usar algo
usurário — o que pratica a agiotagem ou usura
colisão — choque, luta
coalizão — aliança, acordo político
despensa — compartimento da casa no qual se guardam mantimentos
dispensa — isenção, licença
distorcer — desvirtuar, mudar o sentido ou a intenção
destorcer — endireitar, desfazer a torcedura
emergir — vir à tona
imergir — mergulhar
eminente — elevado, alto
iminente — que está prestes a acontecer
flagrante — evidente
fragrante — perfumado
infringir — transgredir, desrespeitar
infligir — aplicar (pena, multa, etc.)
mandado — ordem judicial
mandato — procuração, delegação

EXERCÍCIOS

Leia o texto a seguir e responda às questões de 1 a 3.

Autoria desconhecida

(Disponível em: http://educacaocontemp.blogspot.com.br/2014/02/a-escola-na-luta-contra-o-preconceito-e_19.html. Acesso em: 3/6/2016.)

1. O cartaz apresenta várias imagens.

a) O que elas representam? ______

______

b) Qual é o objetivo principal do cartaz? ______

2. Observe a frase:

"Ser diferente não é problema, o problema é ser tratado diferente."

a) Que diferença de sentido existe entre a expressão "ser diferente" e "ser tratado diferente"?

______

______

b) Levante hipóteses: Por que a letra **e** das palavras **diferente** e **problema** foi escrita em cor diferente?

3. Observe o emprego da palavra **discriminação** no anúncio: Ela está de acordo com a norma-padrão ou deveria ser **descriminação**? Justifique a sua resposta, explicando o sentido de cada uma. Se necessário, consulte o dicionário.

4. Complete as frases a seguir, empregando de acordo com o contexto uma das palavras entre parênteses.

a) A brasileira ______________ na piscina antes de outras competidoras. (emergiu/imergiu)

b) Na entrega dos prêmios, porte-se com ______________ e educação. (descrição/discrição)

c) Motoristas e pedestres não devem ______________ as leis de trânsito. (infligir/infringir)

d) Tire as compras das sacolas e guarde-as na ______________. (dispensa/despensa)

e) O ladrão foi preso em ______________. (flagrante/fragrante)

DIVIRTA-SE

Ronaldo Cunha Dias

(Ronaldo Cunha Dias. In: *3º Salão Internacional Pátio Brasil de Humor sobre o Meio Ambiente*. Brasília: Pátio Brasil Shopping, 2010. p. 138.)

CAPÍTULO 9

REGÊNCIA VERBAL E REGÊNCIA NOMINAL

CONSTRUINDO O CONCEITO

Leia o cartaz a seguir, que integra a campanha do governo federal "Violência contra as mulheres – Eu ligo":

Central de atendimento à mulher

(Disponível em: http://taniabastos.com/governo-lanca-campanha-violencia-contra-as-mulheres-eu-ligo/. Acesso em: 5/6/2016.)

1. Sobre o cartaz, responda:

a) Qual é a finalidade principal do anúncio?

Weberson Santiago

b) A quem ele é dirigido?

c) Que relação há entre a parte verbal e a parte visual do anúncio?

2. Levante hipóteses, reúna as informações que você tem sobre o assunto e troque ideias com os colegas:

a) Quem são os agressores das mulheres?

b) Que tipo de agressão cometem?

c) Como as mulheres reagem à violência? Por quê?

d) Por que é o governo federal que está lançando esse tipo de campanha?

Central de atendimento à mulher

3. No enunciado que se lê na parte superior do cartaz, há uma oração: "Violência contra a mulher denuncie".

a) A oração não está na ordem direta. Por que a palavra **violência** foi colocada no início da frase?

b) Que sinal de pontuação poderia ser empregado nesse enunciado, a fim de tornar mais claro seu conteúdo e sua organização interna? Em que posição?

c) Quem é o sujeito da forma verbal do imperativo **denuncie**?

d) Qual é a predicação verbal do verbo? Qual é o seu complemento?

e) O termo **contra a mulher** complementa o verbo ou complementa o substantivo **violência**? Logo, qual é a função sintática desse termo?

f) Qual é o valor semântico da preposição **contra**?

CONCEITUANDO

Na oração "Violência contra a mulher denuncie", o nome **violência** exige a presença de outro termo: **a mulher**. A palavra **contra** é uma preposição que faz a conexão entre esses dois termos.

O termo - verbo ou nome - que exige a presença de outro chama-se **regente** ou **subordinante**, e os que completam sua significação chamam-se **regidos** ou **subordinados**.

Veja:

nome (substantivo) Violência	contra a mulher
termo regente	termo regido

verbo Denuncie	a violência
termo regente	termo regido

Quando o termo regente é um verbo, ocorre a **regência verbal**.

Quando o termo regente é um nome – substantivo, adjetivo ou advérbio –, ocorre a **regência nominal**.

A regência verbal

Há verbos que admitem mais de uma regência. Compare estas frases:

Liberdade **implica** responsabilidade.
VTD OD

Meu avô nunca **implicou** com os netos.
VTI OI

Ela **implicou-se** em contrabando de joias.
VTDI OD OI

Na primeira frase, o verbo **implicar** foi empregado com o sentido de "acarretar, envolver" e, nesse caso, é transitivo direto. Já na segunda frase, significa "ter implicância, mostrar antipatia" e, com esse sentido, é transitivo indireto. E, na terceira frase, significa "comprometer-se, envolver-se" e é transitivo direto e indireto.

Devido à influência da língua falada, que apresenta muitas construções linguísticas em desacordo com a norma-padrão, e também ao fato de muitos verbos, como **implicar**, apresentarem diferentes regências para diferentes significados, é comum termos dúvida quanto à regência de alguns verbos. Um dos meios de que dispomos para resolver essas dúvidas é a consulta a bons dicionários, entre eles os especializados em regência.

Apresentamos, a seguir, a regência recomendada pela norma-padrão para alguns desses verbos.

Assistir

- É **transitivo indireto** quando significa "ver, presenciar":

Não gosto de **assistir** **a** filmes de ação.
VTI OI

- É **transitivo direto** no sentido de "acompanhar, prestar assistência":

O médico **assistiu** o doente durante toda a noite.
VTD OD

- É **intransitivo** no sentido de "morar, residir":

Joaquim **assiste** **em** Portugal desde que nasceu.
VI adj. adverbial

Observe que, nesse caso, o verbo **assistir** rege adjunto adverbial com a preposição **em**.

- É **transitivo indireto** no sentido de "caber, ser atribuição":

Assiste **a** vocês o direito de reclamar.
VTI OI

Nesse caso, admite **lhe(s)** como complemento:

Assiste-lhes o direito de reclamar.

Chegar - Ir

- São **intransitivos** e exigem a preposição **a** quando indicam lugar:

Cheguei **a**o cinema atrasado.
VI adj. adverbial

Vamos **a**o teatro amanhã?
VI adj. adverbial

CONTRAPONTO

A rigor, a gramática normativa recusa a preposição **em** na regência dos verbos **ir** e **chegar** quando indicam direção. No entanto, a forma mais típica da linguagem dos brasileiros, mesmo entre os que dominam a norma-padrão, é dizer "Cheguei **em** casa tarde ontem", ou "Hoje vou **no** cinema", em vez de "Cheguei **a** casa tarde ontem" e "Hoje vou **ao** cinema", construções que são habituais entre os portugueses.

Alguns linguistas entendem que essa regra da gramática normativa contraria uma tendência natural da língua, uma vez que no latim a preposição **in** (hoje, **em**) é utilizada para dar ideia de movimento, direção.

Atenção: Em situações formais em que o uso da norma-padrão está sendo avaliado, deve-se atender ao que recomenda a gramática normativa.

Esquecer - lembrar

- São **transitivos diretos** quando não são pronominais, isto é, quando não exigem o pronome **se**:

A garota **esqueceu** as brigas. Preferiu **lembrar** só os bons momentos.
VTD OD VTD OD

- São **transitivos indiretos** quando são pronominais, ou seja, quando exigem o pronome **se**:

A garota **esqueceu-se** **d**as brigas. Preferiu **lembrar-se** só **d**os bons momentos.
VTI OI VTI OI

Obedecer - Desobedecer

- São **transitivos indiretos** e exigem a preposição **a**:

É sinal de irresponsabilidade não **obedecer** **a**os sinais de trânsito.
VTI OI

Algumas vezes **desobedeço** **a**os meus instintos.
VTI OI

Reprodução

Preferir

- É **transitivo direto e indireto** no sentido de "achar melhor, escolher entre duas ou várias coisas":

> Há pessoas que **preferem** o pranto **ao** riso.
> VTDI — OD — OI

Simpatizar - Antipatizar

- São **transitivos indiretos** e exigem a preposição **com**:

> **Simpatizo** **com** os dois.
> VTI — OI

> **Antipatizamos** **com** o diretor na primeira reunião.
> VTI — OI

Observe, pelos exemplos, que esses verbos não são pronominais. Assim, de acordo com a norma-padrão, não se deve dizer, por exemplo: "Eu me antipatizo com os dois" ou "Eu me simpatizo com o diretor".

Visar

- É **transitivo direto** nos sentidos de "mirar" e "pôr visto":

> O atirador **visou** o pássaro.
> VTD — OD

> **Visei** o passaporte e fui viajar.
> VTD — OD

- É **transitivo indireto** quando significa "ter como objetivo, pretender":

> Trabalhava com afinco porque **visava** **a** uma promoção no final do ano.
> VTI — OI

Observe que, nesse caso, o verbo **visar** exige a preposição **a**.

CONTRAPONTO

Há uma máxima que os linguistas vivem dizendo: "Aquilo que hoje é considerado desvio da norma-padrão poderá ser a regra amanhã". Em outras palavras, por força do uso, muitas formas rejeitadas em uma época tornam-se a forma mais recomendada pelos gramáticos em outro momento histórico. No Brasil, isso já está visivelmente ocorrendo com a regência de três verbos: **assistir**, **visar** e **aspirar**.

Tanto na linguagem oral do dia a dia quanto na linguagem escrita de alguns jornais e revistas, não é raro encontrarmos construções como "assistiu o filme", "visava o cargo de presidente" e "a vida que aspiramos". Por força do uso, alguns dicionários e gramáticas começam a aceitar construções como essas, como é o caso do *Dicionário Houaiss* da língua portuguesa, em que consta:

> **visar:** *t.d. e t.i.* [...] fig. ter (algo) como desígnio, ter por fim ou objetivo; mirar (a), propor-se < *estas providências visam solucionar o problema* > < *os pais visam o bem dos filhos* > [...]
>
> **aspirar:** *t.d. e t.i.* desejar profundamente; almejar, pretender, querer < *nunca aspirou um emprego público* > < *todos aspiravam à liberdade* >

Atenção: Em situações formais em que o uso da norma-padrão está sendo avaliado, deve-se atender ao que recomenda a gramática normativa.

EXERCÍCIOS

1. Leia estas duas tiras, de Fernando Gonsales:

Frenando Gonsales

(*Folha de S. Paulo*, 7/7/2011.)

(*Folha de S. Paulo*, 14/10/2011.)

As duas tiras são do mesmo autor e foram publicadas no mesmo jornal, em dias próximos. Apesar disso, há nelas diferentes empregos do verbo **assistir** quanto à regência.

a) Em qual das tiras o verbo **assistir** está empregado de acordo com a norma-padrão? Justifique sua resposta.

b) Em qual das tiras o emprego do verbo **assistir** foge ao que recomenda a norma-padrão? Por quê?

c) Considerando-se a situação de comunicação retratada em cada uma das tiras e o gênero textual – história em quadrinhos –, há necessidade ou não de seguir o que recomenda a norma-padrão? Por quê?

d) Levante hipóteses: O que pode explicar o fato de o mesmo autor empregar, em situações semelhantes, diferentes regências para o verbo **assistir**?

2. Complete as frases com a preposição exigida pela regência dos verbos na norma-padrão:

a) Assisti _____ um fantástico espetáculo de mágicas.

b) São estes os alunos que desobedeceram _____o regulamento da escola.

c) Maria prefere contos _____ crônicas.

d) Este é um direito que assiste _____o professor e também _____o aluno.

3. Empregue nas frases a seguir uma das preposições abaixo, de acordo com a regência do verbo recomendada pela norma-padrão.

a   com   de   por

a) A peça _______ que assistimos estreou no mês passado.

b) A pessoa _______ quem mais gostei na vida não me amou.

c) A estudante _______ quem me correspondo virá ao Brasil no próximo mês.

d) Você compreendeu _______ que não participaremos da festa?

Leia a tira a seguir e responda às questões de 4 a 6.

(*Folha de S. Paulo*, 18/4/2011.)

4. A tira conta com alguns implícitos, que o leitor precisa inferir para poder perceber o humor. Qual é o implícito existente na frase "Só se sair por um túnel!"?

____

____

5. Observe a regência do verbo **sair** em suas duas ocorrências.

a) Que preposição o verbo rege no 1º quadrinho? _______________

b) E que preposição rege no 3º quadrinho? _______________

c) Qual é a função sintática dos termos **de um banco** e **por um túnel**?

____

d) Compare o emprego das preposições. Que diferença de sentido existe entre **sair de** e **sair por**?

____

____

____

6. Observe os diferentes usos do verbo **sair**:

- O menino **saiu** ao pai.
- Eu sempre **saio** mais gordo nas fotos.
- **Saiu** uma tremenda confusão na rua.
- Este produto é o que mais **sai**.
- Já **saiu** a sua promoção.
- Você se **saiu** bem na entrevista!

Qual é o sentido do verbo **sair** em cada uma dessas ocorrências?

A regência nominal

Alguns nomes – substantivos, adjetivos e advérbios –, pelo fato de admitirem mais de uma preposição que ligue o termo regente ao termo regido, também oferecem, como certos verbos, dificuldade quanto à identificação da sua regência. Apresentamos a seguir uma relação de nomes com suas regências mais comuns.

- Acessível, adequado, apto, atento, contíguo, contrário, desfavorável, equivalente, fiel, hostil, insensível, obediente, prejudicial, visível – **a**:

O rapaz se mostrava **insensível ao** sofrimento da garota.

- Capaz, incapaz, digno, ansioso, indigno, passível, contemporâneo, ávido, fácil, inseparável, suspeito, temeroso – **de**:

Era uma pessoa **ávida de** emoções fortes.

- Amoroso, compatível, cruel, cuidadoso, descontente, afável, generoso, solícito, aparentado, furioso – **com**:

Infelizmente, o sangue do doador não era **compatível com** o do paciente.

- Entendido, indeciso, lento, morador, hábil, doutor, prático, pródigo, rico, sábio, fecundo – **em**:

Tenho raciocínio **lento em** matemática.

Filipe Rocha

- Apto, inútil, incapaz, bom, ansioso, impotente, mau, essencial, próprio – **para**:

Ingerir líquidos é **essencial para** o bom funcionamento do organismo.

- Ansioso, responsável, querido, respeito, interesse – **por**:

Estavam todos **ansiosos pelo** resultado dos testes.

EXERCÍCIOS

1. Complete o texto a seguir com as preposições adequadas à regência de verbos e nomes, de acordo com a norma-padrão da língua. Quando necessário, faça a contração da preposição com o artigo, com o pronome ou com o advérbio.

Coração em chamas

Era tão feio que nunca se atreveu ______ ter namorada. Além do mais, era tímido. O máximo ______ ousadia ______ que chegou foi escrever ______ uma revista que mantinha um consultório sentimental.

Declarou-se em disponibilidade ______ um relacionamento amoroso. Assinou a declaração ______ um genérico e promissor "coração em chamas". Pensou melhor e mudou ______ "coração solitário". Pensou melhor ainda e nem mandou a mensagem.

O tempo passou, envelheceu e começou a navegar ______ Internet, não por prazer mas por necessidade: trabalhava ______ loja que vendia material eletrônico, se não tinha jeito para muita coisa, dava conta ______ recado.

Uma noite, encontrou a mensagem esquisita de uma mulher ______ 35 anos, moradora ______ São Paulo. Declarava-se cansada ______ esperar o verdadeiro amor. Assinava ______ o mesmo "coração em chamas" que ele não tivera coragem ______ usar. Colocava-se ______ disposição, via satélite.

[...]

O fato é que respondeu. Deixou seu endereço e nem se assustou quando recebeu mensagem personalizada e detalhada. Marcaram um encontro. Ela revelava sua altura, cor dos olhos, o vestido que estaria usando. Oferecia-se ______ exame. Se ele não gostasse, podia ir embora, ela nem ficaria ofendida.

Dia seguinte, [...] foi fácil identificá-la. Era mais bonita ______ que ele esperava. Na realidade, era até muito bonita. Impossível que houvesse um coração em chamas dentro daquilo.

Aproximou-se. Não haviam combinado uma senha, mas era evidente que ela o esperava e ele a procurava. Olharam-se ______ olhos. Ele perdeu a vontade ______ tudo. Perguntou ______ garçom onde era o banheiro. E esperou até que ela fosse embora.

(Carlos Heitor Cony. *Crônicas para ler na escola*. Rio de Janeiro: Objetiva, 2009. p. 87-8.)

Nelson Provazi

2. Complete as frases a seguir com as preposições adequadas, de acordo com a norma-padrão.

a) Os torcedores ficaram furiosos ________ o time.

b) Os sócios têm residência ________ Garanhuns, Pernambuco.

c) Os alunos do 9º B são responsáveis ________ atividades de recreação.

d) Marcos é incapaz ________ maltratar alguém.

e) Fiquei indecisa ________ teste e me achei inapta ________ o cargo.

LEMBRE-SE

de + o(s), a(s) = do(s), da(s)
em + o(s), a(s) = no(s), na(s)
per + a(s), o(s) = pela(s), pelo(s)
de + ele(a) = dele(a)

3. Relacione a primeira coluna com a segunda, de modo que as regências nominais fiquem de acordo com a norma-padrão.

a) A água é essencial	( ) pelos amigos.
b) O programa não é compatível	( ) aos usuários.
c) Estávamos ansiosos	( ) em humor.
d) Júlia é muito querida	( ) de fazer.
e) O *site* não estava acessível	( ) com a máquina.
f) O exercício era muito fácil	( ) para a continuidade da vida.
g) O gato era inseparável	( ) pelos resultados das provas.
h) Ele é rico	( ) do seu dono.

4. Leia esta tira:

(Fernando Gonsales. *Folha de S. Paulo*, 10/3/2007.)

Na tira, há uma fala em que ocorre uma situação de regência nominal em desacordo com a norma padrão.

a) Identifique essa situação.

____

b) Reescreva a fala, adequando a regência à norma-padrão.

____

Leia o texto a seguir e responda às questões de 5 a 7.

Ministério da Saúde

5. Que preposições ou contrações preenchem corretamente as lacunas do enunciado verbal?

____

6. Sobre a situação de produção do texto, responda:

a) A que gênero pertence? ______________________________

b) Quem é o anunciante? ______________________________

c) A quem se dirige? ______________________________

d) Qual é a finalidade da campanha? ______________________________

7. Observe o enunciado:

"Seu cachorro vai tentar escapar da vacina de qualquer jeito."

a) Qual é a relação entre a linguagem visual e o enunciado verbal?

____

____

b) A palavra **escapar** sugere que tipo de sentimento por parte do cão? ______________________

A REGÊNCIA VERBAL NA CONSTRUÇÃO DO TEXTO

Leia esta tira, de Laerte:

Laerte

1. Observe, na tira, o homem que está à esquerda. Repare como são suas roupas, os objetos que tem na cabeça e nas mãos e as ações que está realizando.

a) Que objeto ele tem na mão esquerda? ______

b) Que tipo de roupa ele está usando?

______

c) O que esse objeto e esse tipo de roupa informam a respeito desse homem?

______

______

2. Ao falar, o homem da esquerda emprega o verbo **aspirar**.

a) Com que sentido esse verbo foi empregado? Qual é a sua predicação?

______

b) O emprego desse verbo, nessa acepção, está de acordo com a norma-padrão e com a formação escolar desse homem? ______

c) Enquanto fala, que tipo de ação o homem está realizando?

______

d) Qual é o sentido e a predicação do verbo que traduz a ação realizada pelo homem?

______

e) O trabalho que ele está fazendo é compatível com sua formação escolar? Por quê?

______

3. O homem da direita responde ao seu colega com a frase "Então capriche nos cantinhos". Esse enunciado, no contexto, pode ter mais de um sentido. Troque ideias com os colegas: De que forma o homem da direita pode ter compreendido a fala de seu colega?

4. Troque ideias com os colegas e com o professor: Considerando-se a finalidade das histórias em quadrinhos em geral, qual é a importância da regência verbal na construção da tira de Laerte?

PARA QUE SERVE A REGÊNCIA VERBAL?

A regência verbal contribui para tornar os textos mais precisos quanto ao **sentido**. Se uma mãe diz, por exemplo, "Sempre quis **o meu filho**!", entendemos que, por alguma razão, ela não tem o filho ao seu lado e deseja tê-lo. Se, entretanto, ela diz: "Sempre quis **ao meu filho**!", entendemos que ela sempre amou o filho, sempre lhe quis bem.

SEMÂNTICA E DISCURSO

Leia o anúncio a seguir e responda às questões de 1 a 3.

(*31º Anuário do Clube de Criação de São Paulo.*)

1. O anúncio tem a finalidade de promover os serviços de uma empresa aérea.

a) Qual é o principal argumento utilizado para convencer o leitor?

b) Que relação existe entre esse argumento e a imagem do cão?

2. Há, no anúncio, um emprego de preposição que foge às recomendações da norma-padrão. Identifique esse emprego e explique o que seria necessário modificar para o texto ficar de acordo com essa norma.

3. Considerando o gênero textual e o perfil dos destinatários que o anúncio tem em vista, discuta com os colegas: O fato de a regência não estar de acordo com a norma-padrão constitui um problema para o propósito comunicativo do anunciante? Justifique sua resposta.

PARA ESCREVER COM ADEQUAÇÃO

A crase

Leia este texto:

Dança da chuva

Rosa Gauditano/StudioR

Você acredita na dança da chuva? Em 1998, o estado de Roraima teve quase ¼ de seu território queimado por causa de uma seca que já durava três meses. Depois de frustradas tentativas de apagar o fogo, o governo decidiu recorrer à crendice popular. Dois índios caiapós, Kucrit e Mantii, foram levados do Mato Grosso até Boa Vista para executar a dança da chuva. As passagens e o hotel foram pagos pela Funai. Os pajés dançaram durante 40 minutos, às margens do rio Curupira, pedindo chuva ao espírito de um antepassado. Para surpresa geral, a chuva veio e apagou a maior parte dos focos de incêndio.

(Marcelo Duarte. *O guia dos curiosos*. São Paulo: Panda Books, 2011. p. 32.)

1. Observe os enunciados:

"Você **acredita** na dança da chuva?"
"o governo decidiu **recorrer** à crendice popular"

Os verbos em destaque nos enunciados regem alguns termos. Que termos são esses?

2. Observe a regência do verbo **acreditar** nesta frase:

Eu acredito em um poder da natureza.

a) Substitua o termo **um poder** pelo termo **a paz**.

b) O que ocorreu no encontro entre a preposição **em** e o artigo **a**?

3. Observe a regência do verbo **recorrer** nesta frase:

Eu recorro à Justiça.

a) Substitua o termo **a Justiça** pelo termo **o juiz**.

b) O que ocorreu no encontro entre a preposição **a** e o artigo **o**?

c) Na frase "Eu recorro à Justiça", o que ocorre no encontro entre a preposição **a** e o artigo **a**?

Ao responder às questões anteriores, você pôde observar que os verbos **acreditar** (transitivo indireto) e **recorrer** (transitivo indireto) regem, respectivamente, as preposições **em** e **a**. E também que o encontro dessas preposições com o artigo feminino **a** resulta nas formas **na** e **à**, respectivamente. Assim:

Eu acredito **na** dança da chuva.
em (preposição) + **a** (artigo)

Eu vou **à** praia.
a (preposição) + **a** (artigo)

A contração ou fusão da preposição **a** com o artigo feminino **a** em um único **a** constitui o fenômeno da **crase**, indicado, na escrita, com o acento grave:

a + **a**
Eu vou assistir **à** televisão.

Crase é a fusão de duas vogais idênticas.

NA DÚVIDA...

Para saber se ocorre ou não crase diante de determinada palavra, proceda assim:

- Verifique se a palavra admite o artigo **a**, colocando-a depois de um verbo que exige uma preposição diferente de **a**. Veja:

Voltei **da** feira mais cedo. → Vou **à** feira mais cedo.
Voltei **de** Manaus antes da data prevista. → Vou **a** Manaus antes da data prevista.

- Substitua a palavra feminina por uma masculina e observe se ocorre a combinação **ao** antes do nome masculino:

O governo dará incentivo **ao** comércio. → O governo dará incentivo **à** agricultura.

Desse modo, ocorre crase quando a preposição **a** exigida pela regência de um verbo ou de um nome (substantivo, adjetivo ou advérbio) se funde com:

- o artigo feminino **a(s)**:

  Ele voltou **à** fazenda logo depois do almoço.

- os pronomes demonstrativos **aquele(s)**, **aquela(s)**, **aquilo**:

  Ela pediu **à**quele menino que a ajudasse a levar as compras.

Casos especiais de ocorrência de crase

Ocorre crase:

- em locuções adverbiais e prepositivas formadas por substantivos femininos, tais como: **às vezes**, **às pressas**, **às claras**, **à toa**, **à custa de**, **à esquerda**, **à direita**, **à tarde**, **às duas horas**:

  Conseguiu ser aprovado no vestibular **à custa de** muito esforço.

- nas expressões proporcionais **à medida que**, **à proporção que**:

  As ruas ficavam cada vez mais desertas, **à proporção que** nos afastávamos do centro da cidade.

- quando estão subentendidas as expressões **à moda de**, **à maneira de** ou palavras como **faculdade**, **universidade**, **empresa**, **companhia**, mesmo que diante de palavras masculinas:

  Usa barba **à** Lula. (à moda de Luís Inácio Lula da Silva)
  Os vestibulandos de economia devem dirigir-se **à** GV. (à Fundação Getúlio Vargas)

- antes de nomes de lugares (topônimos) determinados pelo artigo **a**:

  Seu maior desejo era ir **à** Inglaterra.

EXERCÍCIOS

1. Compare estas situações:

Texto 1

"Finalmente chegou a perfeição à sua cozinha!"
(Anúncio de geladeira)

Texto 2

Caco Gualhardo

(*Folha de S. Paulo*, 7/11/2011.)

a) Qual é o sujeito do verbo **chegar** em cada situação?

b) A ausência e a presença do acento indicador de crase, respectivamente, estão corretos? Explique por quê.

c) O verbo **chegar** apresenta regências diferentes? Que relação esse dado tem com a crase?

2. Leia esta anedota:

O dono do mercado estava dormindo. De repente, toca o telefone, _____ 3 horas da manhã.

— Seu João, _____ que horas abre o mercado?

— Poxa, isso é hora de ligar? Eu só abro _____ 8 horas.

E voltou _____ dormir. _____ 5 horas, o telefone tocou de novo:

— Seu João, não dá para abrir o mercado mais cedo?

— Você de novo? Não, não dá. Eu já disse que só abro _____ 8 horas!

E bateu o telefone. Dali _____ meia hora, outro toque:

— Seu João, abre o mercado mais cedo, por favor...

— Mas que coisa! Por que você quer tanto isso? O que você precisa comprar?

— Sabe o que é, seu João? É que eu estou preso aqui dentro!

Weberson Santiago

(Paulo Tadeu. *Essa é boa – Novíssimas piadas para criança.* São Paulo: Urbana, 2011. p. 42.)

Quais preposições e crases completam o texto, de acordo com a norma-padrão?

a) às, à, às, a, às, às, a

b) às, a, as, à, as, as, à

c) as, à, às, a, as, as, a

d) às, a, às, a, às, às, a

e) as, à, às, a, às, as, a

3. Leia:

Revista Cult

À flor da pele

Roteirista da série britânica *Skins* explica por que ela despertou tanta fúria nos EUA

(*Cult*, nº 157, p. 29.)

a) A expressão **à flor da pele** está escrita de acordo com as regras de emprego da crase? Justifique sua resposta.

b) Construa uma frase utilizando essa expressão.

4. Empregue o acento indicador de crase onde convier, de acordo com a norma-padrão:

a) A modelo se veste a Saint Laurent.

b) Iremos a Fortaleza, a João Pessoa e a Natal.

c) De segunda a sexta-feira, as 14 h, temos treino na escola.

d) O acesso aqueles *sites* já está liberado.

e) Vamos a academia todas as quintas, a noite.

f) A meu ver, ela está certa.

5. Nos anúncios a seguir, houve o emprego do acento indicador de crase. Verifique se esse emprego está ou não de acordo com a norma-padrão e explique por quê.

a)

Revista Capricho

(*Capricho*, nº 1 115, p. 87.)

b)

Editora Escala

(*Revista GEO*, nº 20, p. 9.)

DIVIRTA-SE

Artur Sanfelice (Nunz)

Artur Sanfelice (Nunz) - RS - Brasil

(2º *Salão Internacional Pátio Brasil de humor sobre o meio ambiente*. Ecocartoon, p. 65.)

CAPÍTULO 10

COLOCAÇÃO – COLOCAÇÃO PRONOMINAL

CONSTRUINDO O CONCEITO

Leia este poema, de Mário Quintana:

Bilhete

Se tu me amas, ama-me baixinho
Não o grites de cima dos telhados
Deixa em paz os passarinhos
Deixa em paz a mim!
Se me queres,
enfim,
tem de ser bem devagarinho, Amada,
que a vida é breve, e o amor mais breve ainda...

(*Nova antologia poética*. 11. ed. São Paulo: Globo, 2005. p. 115.)

Biry Sarkis

1. O poema tem o título "Bilhete".

a) Quem é o eu lírico do poema? A quem ele se dirige?

b) Qual é o assunto do "bilhete"?

c) O eu lírico corresponde aos sentimentos da mulher amada? Justifique sua resposta com elementos do texto.

d) Qual é a concepção de amor que o eu lírico tem?

2. No poema, foram empregados vários pronomes oblíquos.

a) Identifique esses pronomes.

b) Quais pronomes oblíquos foram empregados **depois** do verbo a que se ligam?

c) Indique um dos casos em que o pronome oblíquo foi empregado **antes** do verbo a que se liga.

d) A que se refere o pronome oblíquo **o** em "Não **o** grites em cima dos telhados"?

3. Observe a posição das palavras destacadas neste trecho do poema:

> "Se me queres,
> **enfim**,
> tem que ser bem devagarinho, **Amada**,
> que a vida é breve, e o amor mais breve ainda..."

Considere a frase constituída por esses versos e indique outra posição em que as palavras **enfim** e **Amada** possam ser empregadas, sem que haja alteração de sentido.

____

____

____

4. Na oração "Se tu me amas":

Filipe Rocha

a) Qual é o sujeito? ______________________________

b) Qual é a predicação do verbo? Qual é o seu objeto?

____

c) Soaria bem aos ouvidos se o pronome oblíquo fosse empregado depois do verbo? Qual forma soa melhor no português brasileiro?

____

CONCEITUANDO

Ao responder às questões acima, você observou que, na construção de orações, há termos que podem ser utilizados em diferentes posições e outros que só podem ser empregados em uma única posição, pois existe o risco de o enunciado soar mal aos nossos ouvidos, como ocorreria se, no poema, a construção fosse "Se tu amas-me". Pode acontecer também que um termo, ao mudar de posição na oração, tenha seu sentido modificado.

Observe os enunciados a seguir, compostos pelos mesmos termos:

- "Deixa em paz os passarinhos"
- Deixa os passarinhos em paz.
- Os passarinhos, deixa em paz.
- Deixa paz os passarinhos em.
- Em deixa os passarinhos paz.

Como se nota, dos cinco enunciados, apenas os três primeiros constroem sentido coerente em nossa língua. As questões relativas à ordem das palavras na oração constituem assuntos que dizem respeito a **colocação**.

Colocação é o modo como se dispõem os termos que formam uma oração.

Na língua portuguesa, há bastante liberdade de colocação dos termos na oração. Porém, segundo alguns especialistas, predomina a **ordem direta**, que apresenta esta sequência:

sujeito + verbo + objeto direto + objeto indireto + adjuntos
ou
sujeito + verbo + predicativo

Observe:

Se	tu	me	amas
	sujeito	objeto direto	VTD

A vida	é	breve
sujeito	VL	predicativo do sujeito

Apesar da liberdade de disposição dos termos da oração no português, a norma-padrão da língua, escrita ou falada, estabelece certos princípios básicos de colocação. Um desses princípios é relativo à colocação dos pronomes pessoais oblíquos átonos.

CONTRAPONTO

Alguns gramáticos e linguistas discordam de que a **ordem direta** seja a mais frequente em nossa língua. Frases como "Caiu uma chuva danada!", "Chegou gente de monte!", "Veio um carro bem na hora que eu ia atravessar a rua", "De repente, apareceram dois homens", comuns no português coloquial, estão na **ordem indireta**.

A verdade é que, até onde se sabe, nunca foi feita uma pesquisa estatística para saber qual é a ordem natural dos termos da oração na língua portuguesa.

E você, o que acha? Observe a ordem dos termos da oração tanto na linguagem oral quanto na linguagem escrita e tente chegar a uma conclusão.

A colocação pronominal

Leia este poema, de Mário Quintana:

Pedra rolada

Esta pedra que apanhaste acaso à beira do caminho
— tão lisa de tanto rolar —
é macia como um animal que se finge de morto.

Apalpa-a... E sentirás, miraculosamente,
a suave serenidade com que os mortos recordam...

Mortos?! Basta-lhes ter vivido
um pouco
para jamais poderem estar mortos

— e esta pedra pertence ao universo deles,
e ao nosso Universo...

Deposita-a
no chão,
cuidadosamente...

Esta pedra está viva!

Nelson Provazi

(*Nova antologia poética*. 11. ed. São Paulo: Globo, 2005. p. 117. © by Elena Quintana.)

Observe que, no poema, foram empregados quatro pronomes oblíquos átonos:

- "é macia como um animal que **se** finge de morto"
- "Apalpa-**a**..."
- "Basta-**lhes** ter vivido"
- "Deposita-**a**"

Na primeira situação, o pronome oblíquo **se** foi empregado antes do verbo. Nas demais situações, os pronomes oblíquos **a**, **lhes** e **a** foram empregados depois do verbo.

Além dessas duas posições, os pronomes pessoais oblíquos átonos – **me**, **te**, **se**, **o(s)**, **a(s)**, **lhe(s)**, **nos** e **vos** – podem aparecer também no meio do verbo. Veja:

Pegue a pedra e **senti-la-á** em suas mãos como um tesouro.

Colocação pronominal é a maneira como se dispõem os pronomes pessoais oblíquos átonos em relação ao verbo.

As posições do pronome pessoal oblíquo átono em relação ao verbo ao qual ele se liga denominam-se:

- **ênclise**: quando é colocado **depois** do verbo;
- **próclise**: quando é colocado **antes** do verbo;
- **mesóclise**: quando é colocado **no meio** do verbo.

O PRINCÍPIO DA EUFONIA

Para colocarmos adequadamente os pronomes na frase, devemos antes de tudo estar atentos ao que soa bem. Esse procedimento ajuda bastante, mesmo na língua escrita. Por exemplo, numa conversa ou num texto escrito, dificilmente diríamos ou escreveríamos: "Ninguém deu-me seu recado". Soa melhor aos nossos ouvidos "Ninguém me deu seu recado", o que coincide perfeitamente com o que recomenda a norma-padrão da língua.

AS DIFERENÇAS ENTRE O PORTUGUÊS BRASILEIRO E O PORTUGUÊS LUSITANO

Apesar de a eufonia ser um critério importante para a colocação pronominal, há entre o português do Brasil e o de Portugal algumas diferenças que acarretam dificuldades para nós, brasileiros, principalmente quando precisamos usar o registro formal da língua. Isso porque as regras da gramática normativa da língua ainda guardam forte influência do português lusitano.

Como exemplo dessa diferença, observe no cartum ao lado, de Quino, publicado em Lisboa, o emprego da forma pronominal **to**.

Nesse caso, **to** é contração de dois pronomes oblíquos átonos, **te** + **o** (**o** é, nesse emprego, um pronome demonstrativo equivalente a **isto**: Preciso dizer-**te isto**).

No Brasil, o tradutor provavelmente escolheria uma construção como "Talvez não devesse te dizer isso, Geraldo", ou seja, empregaria o pronome **te** entre a forma verbal **devesse**, do verbo auxiliar **dever**, e o verbo principal, **dizer**. A contração de **te** + **o** é considerada no Brasil uma forma arcaica e extremamente formal.

Joaquim S. Lavado Tejón (QUINO), HOMBRES DE BOLSILLO/Fotoarena

(Quino. *Homens de bolso.* Lisboa: Dom Quixote, 1990.)

Ênclise

É a colocação normal do pronome na norma-padrão da língua:

Empreste-**me** o livro de português, Vânia.

Próclise

É a colocação do pronome quando antes do verbo há palavras que exercem atração sobre ele, como:

- palavras de sentido negativo (**não**, **nunca**, **jamais**, **ninguém**, **nada**, etc.) não seguidas de vírgula:

Nada o fará retroceder, pois sua decisão já está tomada.

Havendo vírgula depois da palavra de sentido negativo, usa-se ênclise: "**Não**, respondeu-**me** Eunice, agora não posso ajudá-la".

- advérbios ou locuções adverbiais não seguidos de vírgula: **Sempre me** mandam notícias.

Havendo vírgula depois do advérbio ou da locução adverbial, usa-se ênclise: "**Depois de uma semana**, chamou-**me** para o teste".

- pronomes indefinidos e interrogativos: Não sabemos **quem o** convidou para a festa.
- pronomes relativos: O professor **que me** assessorou é doutor em linguística.
- conjunção subordinativa: **Enquanto se** penteava, assobiava alegremente.

Emprega-se a próclise também nas orações optativas (que exprimem desejo):

Bons ventos **o** tragam!

DESCONTRAÇÃO NA FALA

A próclise no início da frase é uma construção característica da fala brasileira espontânea. Observe, na tira, o emprego dos pronomes oblíquos átonos **me** e **se** no início das orações "**Me** faça rir, papagaio!" e "**Se** vira!".

Essa colocação é usada em textos que procuram reproduzir a linguagem oral ou expressar descontração. A ênclise soa mais formal e mais técnica.

(*Níquel Náusea – Um tigre, dois tigres, três tigres*. São Paulo: Devir, 2009. p. 5.)

Mesóclise

É a colocação do pronome quando o verbo se encontra no futuro do presente ou no futuro do pretérito, desde que não haja condição de próclise:

> Mandar-**lhe**-ei flores no seu aniversário.
> Mandar-**lhe**-ia flores, se soubesse o seu endereço.

Havendo condição de próclise, teríamos: "Não **lhe** mandarei flores no seu aniversário" e "Jamais **lhe** mandaria flores".

EXERCÍCIOS

Leia o anúncio a seguir e responda às questões 1 e 2.

Gillette

(*Atrevida*, nº 122, p. 47.)

1. Considerando a situação de produção do texto, responda:

a) A que gênero textual ele pertence?

b) Qual é a finalidade desse gênero?

c) Troque ideias com os colegas: A que tipo de público o texto se destina?

2. Observe o enunciado principal do anúncio.

a) O anunciante utiliza propositalmente a ambiguidade, isto é, o duplo sentido. Que sentidos podemos depreender do enunciado?

b) O emprego do pronome oblíquo átono **se** no enunciado está de acordo com as regras de colocação pronominal da norma-padrão? Justifique sua resposta.

c) Como ficaria o enunciado caso o anunciante quisesse deixá-lo rigorosamente de acordo com a norma-padrão?

d) Considerando a situação de produção do texto – o gênero, quem o produziu, para quem, com que finalidade –, conclua: No enunciado, qual colocação pronominal é mais adequada: a que é prescrita pela gramática normativa ou a que foi escolhida pelo anunciante? Por quê?

Leia a tira a seguir, de Fernando Gonsales, e responda às questões de 3 a 5.

(*Níquel Náusea – A perereca da vizinha.* São Paulo: Devir, 2005. p. 38.)

3. Nos três primeiros quadrinhos, os balões de fala parecem vir das figuras das cartas de baralho.

a) Quais são as personagens que aparecem nas cartas de baralho?

b) Como é a linguagem dos balões?

4. No último quadrinho ficamos sabendo que quem fala nos quadrinhos anteriores são os insetos, que tentam usar uma linguagem sofisticada.

a) Por que eles usam esse tipo de linguagem?

b) Levando em conta o contexto, reescreva as falas dos insetos, ajustando-as à norma-padrão.

c) Levante hipóteses: A partir de que referências o autor da tira criou o neologismo "melhordes"?

5. Observe a colocação dos pronomes oblíquos na tira.

Fernando Gonsales

a) Imagine um contexto no qual a fala do balão do 3º quadrinho possa ser empregada e seu uso esteja de acordo com a norma-padrão.

b) No último quadrinho, no balão de fala dos insetos, foram empregados dois pronomes oblíquos. De acordo com a norma-padrão, como ficaria a fala, com o uso de **vos**, apenas? E com o uso de **te**, apenas? Justifique sua resposta.

O primeiro dos dois textos que seguem é um trecho de um editorial de jornal, e o segundo, é um trecho de uma crônica humorística, de José Simão, publicada no mesmo jornal. Leia-os e responda às questões de 6 a 8.

Michel Temer, em duas semanas de governo, depara-se com o explosivo potencial de desmoralização entranhado no sistema que o sustenta. "Não temos compromisso com o equívoco", exclamou, enquanto batia na mesa presidencial. "Procurarei não errar, mas se o fizer, consertá-lo-ei", acrescentou, com um sorriso no canto da boca.

Fazendo da mesóclise sua marca registrada, o presidente interino pode resolver o problema dos pronomes, mas não o dos políticos da base parlamentar. Quanto a estes, não se sabe bem onde colocá-los: se na linha de frente, para que ajudem a aprovar projetos essenciais no Congresso, ou se na porta dos fundos, para que cuidem de seus inquéritos e seus processos.

(*Folha de S. Paulo*, 29/5/2016.)

[...] E o Temer: "Se o Aécio aparecer aqui, comê-lo-ei".

O Frankstemer é o rei da mesóclise! Saiu a turma do "pobrema" e do "Pranalto" e entrou a turma do "lo-ei".

O PT vai pedir o impeachment da mesóclise! Rarará!

(*Idem.*)

6. Sobre o emprego da mesóclise na fala de Michel Temer, comentado no primeiro texto, responda:

a) O emprego dessa forma de colocação pronominal está de acordo com o que recomenda a norma-padrão e com a situação social em que ela foi utilizada? Por quê?

b) O editorial do jornal considera adequado o emprego pronominal feito pelo presidente em exercício? Justifique sua resposta com um trecho do texto.

c) Na opinião do jornal, o emprego adequado dos pronomes, isto é, de acordo com a norma-padrão, é sinal de bom início de governo? Justifique sua resposta com um trecho do texto.

7. José Simão, no seu texto, aproveita a repercussão que teve o emprego da mesóclise na fala de Michel Temer para criar humor.

a) Na frase "Se o Aécio aparecer aqui, comê-lo-ei", o humorista segue a norma-padrão? Justifique sua resposta.

b) No trecho "Saiu a turma do 'pobrema' e do 'Pranalto' e entrou a turma do 'lo-ei'. O PT vai pedir o impeachment da mesóclise", mais do que explorar uma questão de colocação pronominal, o autor faz uso de uma associação entre variação linguística e classes ou grupos sociais. Explique como se dá essa associação.

8. Como você observou, o emprego da mesóclise na fala de Michel Temer provocou uma forte reação na imprensa. Do ponto de vista histórico e linguístico, por que você acha que isso ocorreu?

A COLOCAÇÃO PRONOMINAL NA CONSTRUÇÃO DO TEXTO

Leia a tira abaixo, de Laerte.

1. A tira retrata uma situação de comunicação que é prejudicada pela intolerância de um dos interlocutores.

a) Qual dos interlocutores é intolerante? Que tipo de intolerância ele demonstra ter?

____

____

____

____

b) Por que a personagem de óculos considera errada a fala do seu interlocutor no 1º e no 2º quadrinhos?

____

____

____

PARA QUE SERVEM AS REGRAS DE COLOCAÇÃO PRONOMINAL?

Embora algumas regras de colocação pronominal coincidam com o modo de falar dos brasileiros, há outras que fogem inteiramente ao uso corrente da língua. Apesar disso, enquanto essas regras não sofrerem mudanças, devemos conhecê-las a fim de empregá-las adequadamente quando houver necessidade de falar ou escrever na norma culta formal. Por exemplo, seria estranho um jovem dizer à namorada: "Levá-la-ei para conhecer meus pais". Mas o que se espera de um advogado num tribunal é que ele diga: "Apresentar-lhes-ei provas convincentes da inocência do réu".

2. No último quadrinho, a personagem finalmente parece ter ficado satisfeita com a fala de seu interlocutor.

a) Por que isso ocorre?

____

____

____

b) Do ponto de vista da comunicação, haveria motivos para a personagem ficar satisfeita? Justifique sua resposta.

____

____

____

3. Quando usamos a língua para interagir com outras pessoas, devemos escolher uma variedade linguística compatível com os diversos elementos que compõem a situação de comunicação, isto é, com quem falamos, com qual finalidade, em que lugar e momento, etc.

a) Considerando os interlocutores da tira, a situação em que se encontram e também o fato de o autor da tira ser brasileiro, você concorda com os comentários da personagem de óculos? Por quê?

____

____

____

b) Se essa situação de comunicação ocorresse em Portugal, os comentários da personagem de óculos seriam procedentes? Por quê?

Laerte

4. Opondo dois modos diferentes de falar a língua portuguesa, Laerte criou humor. Porém, além de humor, a tira contém também uma crítica. O que ou quem ela critica?

SEMÂNTICA E DISCURSO

Leia a crônica a seguir, de Luis Fernando Verissimo, e responda às questões de 1 a 5.

Papos

— Me disseram...
— Disseram-me.
— Hein?
— O correto é "disseram-me". Não "me disseram".
— Eu falo como quero. E te digo mais... Ou é "digo-te"?
— O quê?
— Digo-te que você...
— O "te" e o "você" não combinam.
— Lhe digo?
— Também não. O que você ia me dizer?
— Que você está sendo grosseiro, pedante e chato. E que eu vou te partir a cara. Lhe partir a cara. Partir a sua cara. Como é que se diz?
— Partir-te a cara.
— Pois é. Parti-la hei de, se você não parar de me corrigir. Ou corrigir-me.
— É para o seu bem.
— Dispenso as suas correções. Vê se esquece-me. Falo como bem entender. Mais uma correção e eu...

Filipe Rocha

— O quê?
— O mato.
— Que mato?
— Mato-o. Mato-lhe. Mato você. Matar-lhe-ei-te. Ouviu bem?
— Eu só estava querendo...
— Pois esqueça-o e pára-te. Pronome no lugar é elitismo!
— Se você prefere falar errado...
— Falo como todo mundo fala. O importante é me entenderem. Ou entenderem-me?
— No caso... não sei.
— Ah, não sabe? Não o sabes? Sabes-lo não?
— Esquece.
— Não. Como "esquece"? Você prefere falar errado? E o certo é "esquece" ou "esqueça"? Ilumine-me. Me diga. Ensines-lo-me, vamos.
— Depende.
— Depende. Perfeito. Não o sabes. Ensinar-me-lo-ias se o soubesses, mas não sabes-o.
— Está bem, está bem. Desculpe. Fale como quiser.
— Agradeço-lhe a permissão para falar errado que mas dás. Mas não posso mais dizer-lo-te o que dizer-te-ia.
— Por quê?
— Porque, com todo este papo, esqueci-lo.

(*Comédias para se ler na escola.* Rio de Janeiro: Objetiva, 2001. p. 65-6. © by Luis Fernando Verissimo.)

1. Todo texto pode ser considerado um discurso quando levamos em conta a situação em que foi produzido. A propósito da crônica lida, responda:

a) A situação em que se dá o diálogo é formal ou informal? Justifique sua resposta.

b) É possível saber quem são os interlocutores? Por quê?

c) Considerando o tipo de situação em que se dá a interação verbal, o emprego da expressão **me disseram**, no início do diálogo, é adequado ou inadequado do ponto de vista linguístico?

2. Luis Fernando Verissimo satiriza o comportamento das pessoas em relação ao uso da língua.

a) O que se pode deduzir a respeito do perfil da personagem que corrige a outra em relação ao uso da língua?

Filipe Rocha

b) Como se comporta a outra personagem diante das correções que sofre a todo instante?

3. Algumas das colocações pronominais empregadas pela personagem que foi corrigida são inexistentes, como **matar-lhe-ei-te**, **sabes-lo**.

a) Na sua opinião, por que a personagem emprega os pronomes dessa forma?

b) De acordo com as regras de colocação pronominal na norma-padrão, como deveriam ter sido construídas essas duas estruturas?

4. O autor brinca com as regras de colocação pronominal da norma-padrão e com a prepotência linguística de algumas pessoas. Releia este fragmento do texto:

> "— Que você está sendo grosseiro, pedante e chato. E que eu vou te partir a cara. Lhe partir a cara. Partir a sua cara. Como é que se diz?
> — Partir-te a cara.
> — Pois é. Parti-la hei de, se você não parar de me corrigir. Ou corrigir-me."

A personagem afirma que a forma adequada é "Partir-te a cara". Troque ideias com os colegas: Considerando os trechos "eu vou te partir a cara", "(eu vou) lhe partir a cara", "partir a sua cara" e "partir-te a cara".

a) Qual deles está de acordo com a norma-padrão?

b) Qual delas está em desacordo com a norma-padrão?

c) O que suas respostas nos itens anteriores mostram a respeito do conhecimento linguístico da personagem que insiste em corrigir a outra?

5. Releia agora este outro fragmento do texto:

"— Pois é. Parti-la hei de, se você não parar de me corrigir. Ou corrigir-me.
— É para o seu bem.
— Dispenso as suas correções. Vê se esquece-me. Falo como bem entender. Mais uma correção e eu...
— O quê?
— O mato.
— Que mato?
— Mato-o. Mato-lhe. Mato você. Matar-lhe-ei-te. Ouviu bem?"

a) Reescreva, de acordo com a norma-padrão, os trechos:

- "Parti-la hei de, se você não parar de me corrigir".

  ___

- "Vê se esquece-me." ___
- "O mato." ___.

b) Em "Mato-o. Mato-lhe", qual das formas está de acordo com a norma-padrão? Por quê?

___

___

6. O texto a seguir, publicado em um jornal português, reproduz declarações do técnico de um time de futebol. Leia-o.

FC Porto diz adeus à Taça

A fraca exibição do FC Porto em Coimbra frente à Académica culminou com a eliminação da Taça de Portugal. [...]

PATRICIA DE MELO MOREIRA/AFP

VÍTOR PEREIRA: "NÃO HÁ PONTA POR ONDE SE LHE PEGUE"

No final do encontro que ditou o afastamento do FC Porto da Taça de Portugal, Vítor Pereira mostrou-se bastante desiludido.

"**Não há ponta por onde se lhe pegue**. O FC Porto hoje não foi o FC Porto. Fez um jogo mal conseguido. A partir do primeiro erro desmoronámos. Fizemos um jogo para esquecer, mas **é com estes jogos que se faz crescer a equipa**. Trabalhámos para jogar a muito melhor nível, mas hoje não foram capazes. A responsabilidade é de todos".

Questionado sobre a possibilidade de deixar o cargo de treinador, Vítor Pereira referiu que não discute esses assuntos com a comunicação social e que quase todos os dias fala com a direcção do clube [...]

(Deus Amaral. *Correio da manhã*. Disponível em: <http://www.cmjornal.xl.pt/noticia.aspx?contentid=363B6F21-CEDC-4D18-9128-81606EA70F44&channelid=00000215-0000-0000-0000-000000000215>. Acesso em: 20/11/2011.)

Observe os dois trechos destacados no texto.

a) Eles estão de acordo com a norma-padrão?

b) Qual apresenta construção(ões) própria(s) do português lusitano?

c) Como um técnico brasileiro provavelmente se expressaria, de acordo com a norma-padrão, para dizer a mesma coisa que o técnico português?

d) Que outras diferenças em relação ao português brasileiro podem ser percebidas no texto?

7. Dê o sentido das palavras destacadas nas frases:

a) Ele precisa de ajuda, pois é um **pobre** homem, doente e só.

Ele precisa de ajuda, pois é um homem **pobre**, doente e só.

b) Minha irmã fica a tarde **toda** ao telefone, conversando com as amigas.

Toda tarde, minha irmã conversa ao telefone com suas amigas.

c) **Algum** tempo nós moramos em Manaus.

Não posso atendê-la agora, pois estou sem tempo **algum**.

d) Ele não aceita **qualquer** trabalho.

Ele não aceita um trabalho **qualquer**.

8. A ordem das palavras nas frases pode causar ambiguidade, isto é, levar a mais de uma interpretação. Veja:

Apaixonado, o garoto espera a resposta da menina que não chega.

Na ordem em que estão dispostas as palavras nessa frase, há duas possibilidades de compreensão quanto ao que não chega – pode ser a resposta ou a menina.

Para desfazer essa ambiguidade, basta mudar a ordem das palavras na frase:

Apaixonado, o garoto espera da menina a resposta que não chega.

Há casos, entretanto, em que as frases são ambíguas quando isoladas, mas adquirem sentido preciso no contexto em que se encontram.

As frases a seguir são ambíguas. Explique quais são seus sentidos possíveis e reescreva-as, fazendo as adaptações necessárias para desfazer a ambiguidade.

a) Deputado diz que governo quer manchar sua imagem.

b) A garota foi visitar a amiga depressiva.

PARA ESCREVER COM ADEQUAÇÃO

Revisando

1. O texto a seguir foi propositalmente modificado para apresentar ortografia, acentuação, concordância, emprego de letras maiúsculas e minúsculas em descordo com a norma-padrão. Leia-o, identifique as inadequações e indique as formas adequadas, fazendo as alterações necessárias.

Cyberbullying: a violência virtual

Fabio Freitas e Silva/Shutterstock

Todo mundo que convive com crianças e jóvens sabe como eles são capazes de praticarem pequenas e grandes perverções. Deboxam uns dos outros, criam os apelidos mais estranhos, reparam nas minimas imperfeisões — e não perdoam nada. Na escola, isso é bastante comum. Implicancia, descriminação e agreções verbais e fisicas são muito mais freqüentes do que o desejado. Este comportamento não é novo, mais a maneira como pesquisadores, médicos e professores o encaram vêm mudando. A cerca de 15 anos, essas provocações passou a ser vistas como uma forma de violência e ganhou nome: *bullying* (palavra do inglês que pode ser traduzida como "intimidar" ou "amedrontar"). Sua principal característica são que a agressão (física, moral ou material) são sempre intencional e repetida varias vezes sem uma motivasão expecífica. Mas recentemente, a tecnologia deu nova cara ao problema. *E-mails* ameassadores, mensagens negativas em *sites* de relacionamento e torpedos com fotos e testos constranjedores para a vítima foram batisados de *cyberbullying*. Aqui, no Brasil, vem aumentando rapidamente o número de casos de violência desse tipo.

[...]

(Disponível em: http://revistaescola.abril.com.br/formacao/cyberbullying-violencia-virtual-bullying-agressao-humilhacao-567858.shtml. Acesso em: 11/6/2016.)

2. O convite de casamento a seguir apresenta diversas inadequações em relação à norma-padrão. Identifique-as e indique as formas adequadas.

Humberto Nogueira Souza
Marta Souza

Rubens Siqueira Campos
Adriana Oliveira

Tem a honra de convidar V. Ilma e Ex .ma familia para o enlasse matrimonial de seus filhos

Teodora e Paulo Afonso

que realizar-se-a aos quinze dias do mês de Maio de 2017, as dezoito horas,
à Igreja Nossa Senhora do Brasil. Apos a cerimonia religiosa, os noivos receberam
os comprimentos no Salão de Festas Requinte, sito a rua do Bosque, 3245.

Rua Miguel de Cervantes, 83
Cidade Jardim

Av. Prof. Henrique Gusmão, 489
Parque das Araucárias

Rio de Janeiro, RJ

3. Leia e reescreva a anedota a seguir, pontuando-a adequadamente e organizando-a em parágrafos.

Na escola de medicina comenta a jovem aluna com um sorriso Então o senhor é o famoso professor Hermes Eu o imaginava completamente diferente Como Baixinho gordo e feio Não Alto esbelto e bonitão

(Donaldo Buchweitz, org. *Piadas para você morrer de rir.* Belo Horizonte: Leitura, 2001. p. 174.)

Biry Sarkis

DIVIRTA-SE

Os-gemeos

BIBLIOGRAFIA

ANTUNES, Irandé. *Aula de Português:* encontro & interação. São Paulo: Parábola, 2003.

AZEREDO, José Carlos. *Iniciação à sintaxe do português*. 9. ed. Rio de Janeiro: Zahar, 2007.

BAGNO, Marcos. *Português brasileiro*: um convite à pesquisa. São Paulo: Parábola, 2001.

_______. *Preconceito linguístico:* o que é, como se faz. 2. ed. São Paulo: Loyola, 1999.

BAKHTIN, Mikhail. *Marxismo e filosofia da linguagem*. São Paulo: Hucitec, 1979.

BECHARA, Evanildo. *Moderna gramática portuguesa*. 37. ed. Rio de Janeiro: Lucerna, 2000.

BRASIL. Secretaria de Educação Fundamental. *Parâmetros curriculares nacionais:* língua portuguesa. Brasília: MEC/SEF, 1997.

CASTILHO, Ataliba. *Gramática do português contemporâneo brasileiro*. São Paulo: Contexto, 2010.

CUNHA, Celso. *Gramática da língua portuguesa*. Rio de Janeiro: MEC/Fename, 1972.

DECAT, Maria Beatriz Nascimento et alii. *Aspectos da gramática do português:* uma abordagem funcionalista. Campinas-SP: Mercado de Letras, 2001.

FÁVERO, Leonor; KOCH, Ingedore G. V. *Linguística textual*. 2. ed. São Paulo: Cortez, 1988.

FIORIN, José Luiz. *Elementos da análise do discurso*. 5. ed. São Paulo: Contexto/Edusp, 1996.

FRANCHI, Carlos; NEGRÃO, Esmeralda V.; MÜLLER, Ana L. *Mas o que é mesmo "gramática"?*. São Paulo: Parábola, 2006.

HOUAISS. *Dicionário eletrônico da língua portuguesa 1.0*.

ILARI, Rodolfo. *Introdução ao estudo do léxico*: brincando com as palavras. São Paulo: Contexto, 2002.

_______. *Introdução à semântica*: brincando com a gramática. São Paulo: Contexto, 2001.

_______. *A linguística e o ensino da língua portuguesa*. 4. ed. São Paulo: Martins Fontes, 1992.

_______; BASSO, Renato. *O português da gente*. São Paulo: Contexto, 2006.

_______; GERALDI, J. W. *Semântica*. 3. ed. São Paulo: Ática, 1987.

KOCH, Ingedore G. V.; TRAVAGLIA, Luiz C. *A coerência textual*. São Paulo: Contexto, 1991.

_______. *Texto e coerência*. 4. ed. São Paulo: Cortez, 1995.

MENDONÇA, Márcia. Análise linguística no ensino médio: um novo olhar, um outro objeto. In: MENDONÇA, M.; BUNZEN, Clecio. *Português no ensino médio e formação do professor*. São Paulo: Parábola, 2006. p. 199-226.

NEVES, Maria Helena de Moura. *Texto e gramática*. São Paulo: Contexto, 2006.

_______. *Guia de uso do português:* confrontando regras e usos. São Paulo: Unesp, 2003.

_______. *A gramática:* história, teoria e análise, ensino. São Paulo: Unesp, 2002.

PERINI, Mário A. *Gramática descritiva do português*. 2. ed. São Paulo: Ática, 1996.

_______. *Para uma nova gramática do português*. 3. ed. São Paulo: Ática, 1986.

SOUZA e SILVA, M. C.; KOCH, Ingedore G. V. *Linguística aplicada ao português:* sintaxe. 7. ed. São Paulo: Cortez, 1996.

TRAVAGLIA, Luiz C. *Gramática e interação:* uma proposta para o ensino de gramática. São Paulo: Cortez, 2005.

_______. *Gramática:* ensino plural. São Paulo: Cortez, 2003.

_______ et alii. *Metodologia e prática do ensino da língua portuguesa*. 2. ed. Porto Alegre: Mercado Aberto, 1986.

VIEIRA, Sílvia R.; BRANDÃO, Silvia F. *Ensino de gramática:* descrição e uso. São Paulo: Contexto, 2007.